Susanne Richter

I0013854

Über den Suchgiganten Google oder die Antwort auf die Frage: Wird Google
den Suchmaschinenmarkt beherrschen?

GRIN - Verlag für akademische Texte

Der GRIN Verlag mit Sitz in München hat sich seit der Gründung im Jahr 1998 auf die
Veröffentlichung akademischer Texte spezialisiert.

Die Verlagswebseite www.grin.com ist für Studenten, Hochschullehrer und andere Akade-
miker die ideale Plattform, ihre Fachtexte, Studienarbeiten, Abschlussarbeiten oder Disser-
tationen einem breiten Publikum zu präsentieren.

Dokument Nr. V36610 aus dem GRIN Verlagsprogramm

Susanne Richter

Über den Suchgiganten Google oder die Antwort auf die Frage: Wird Google auch zukünftig den Suchmaschinenmarkt beherrschen?

GRIN Verlag

Bibliografische Information der Deutschen Nationalbibliothek: Die Deutsche Bibliothek verzeichnet diese Publikation in der Deutschen Nationalbibliografie; detaillierte bibliografische Daten sind im Internet über http://dnb.d-nb.de/ abrufbar.

1. Auflage 2004
Copyright © 2004 GRIN Verlag
http://www.grin.com/
Druck und Bindung: Books on Demand GmbH, Norderstedt Germany
ISBN 978-3-640-12462-6

Hausarbeit

Über den Suchgiganten GOOGLE

oder die Antwort auf die Frage: Wird GOOGLE auch zukünftig den Suchmaschinenmarkt beherrschen?

von:
Susanne Richter

Veranstaltung:
Seminar „Online-Dienste"
Publizistik und Kommunikationswissenschaft
Freie Universität Berlin

23.9.2004

Geleitwort:

GOOGLE – dieses seltsame Wort habe ich das erste Mal in einer Veranstaltung für technische Informatik im Jahr 2001 gehört. Mit den Worten: „Wenn Ihr mehr wissen wollt – Google!" machte uns ein Dozent auf eine neuartige Suchmaschine aufmerksam, die prima Ergebnisse liefert. Nach der ersten Suche auf dieser Seite gehörte ich auch zu den vielen Millionen begeisterten Menschen, die täglich Google zum Suchen im Internet benutzen.

In dem Seminar, zu dem diese Hausarbeit entstand, begann ich mich mehr dafür zu interessieren, was eigentlich hinter dieser leistungsstarken Suchmaschine steckt. Ich gehörte in die Referategruppe Suchportale und arbeitete an dem Stichpunkt Finanzierung von Suchmaschinen mit. Daher stammt mein Interesse, noch mehr über Google zu erfahren und schließlich diese Arbeit zu schreiben.
Während des Schreibens habe ich gemerkt, dass ich mir zufällig das perfekte Jahr und den perfekten Monat für diese Hausarbeit ausgesucht habe. Am sechsten Geburtstag von Google habe ich auf ihrer Seite wieder Informationen gesucht und das Geburtstagslogo entdeckt. Der Börsengang und die Trennung von Yahoo aus diesem Jahr sind einige Meilensteine in der Geschichte des Unternehmens.

Ich hoffe, diese Hausarbeit wird den Leser ebenso von dem Thema begeistern wie mich.

Gliederung:

1. EINLEITUNG .... - 5 -
2. GESCHICHTE DES UNTERNEHMENS .... - 7 -
3. DIE GEHEIMEN ALGORITHMEN .... - 10 -
4. FINANZIERUNG .... - 12 -
    4.1 GOOGLE ADWORDS .... - 14 -
    4.2 BÖRSENGANG .... - 16 -
5. ZUSÄTZLICHE DIENSTE .... - 17 -
6. GOOGLES KONKURRENZ .... - 21 -
    6.1 DER HAUPTKONKURRENT .... - 23 -
7. FAZIT .... - 24 -
8. QUELLENANGABE .... - 26 -
9. ANHANG .... - 27 -
    9.1 ZWANZIG JAHRE USENET .... - 27 -
    9.2 OFFENER BRIEF AN GOOGLE-GRÜNDER .... - 30 -
    9.3 BEZIEHUNGSGEFLECHT DER SUCHMASCHINEN .... - 36 -
    9.4 SUCHMASCHINEN-LISTE .... - 38 -
    9.5 CODE OF CONDUCT .... - 40 -

Ich möchte meine Arbeit mit einer Einführung in die Suchmaschinenproblematik und einem kurzen Beleuchten der Vor- und Nachteile von Google beginnen. Um zu zeigen, welche Unternehmensstruktur Google besitzt und wie diese dem Erfolg zugute kommen, beschäftige ich mich unter Punkt 2 mit der Geschichte von den Anfängen bis heute. Unter Punkt 3 möchte ich die geheimen Algorithmen erläutern, mit denen Google Ergebnisse einer Suche auflistet und zeigen, welche Probleme die Suchmaschine mit dem Austricksen dieser doch nicht mehr allzu geheimen Technik hat. Sehr interessant ist die Finanzierung einer Suchmaschine, die unter Punkt 4 erklärt werden soll. In den beiden Unterpunkten erläutere ich das Anzeigenprogramm AdWords von Google und den Börsengang des Unternehmens.
Google bietet nicht nur die „normale" Suche im Internet an. Über die Zeit sind viele andere Dienste hinzugekommen. Die wichtigsten und interessantesten möchte ich unter Punkt 5 vorstellen. Punkt 6 beschäftigt sich mit Googles Konkurrenten, also jenen Anbietern, die die Zukunft des Suchmaschinenriesen gefährden könnten. Schließlich möchte ich meine Hausarbeit mit der Beantwortung der Frage: „Wird Google auch in Zukunft den Suchmaschinenmarkt beherrschen?" im Fazit beenden.

1. Einleitung

Das Internet ist das riesige Netz von Computern auf der ganzen Welt. Sie sind zusammengeschlossen und theoretisch kann jeder von jedem Ort aus jeden erreichen. In diesem Netz befinden sich Billionen von mehr oder weniger wichtigen Informationen. Meistens interessiert man sich ja doch nur für einen winzigen Bruchteil dieses riesigen mächtigen Netzes. Aber wie kann man das Internet für sich nutzen? Wie kann man etwas finden, wenn man nur ein Schlagwort kennt? Wer hilft dem Benutzer, sich in dem riesigen Dschungel von Internetseiten zurechtzufinden? Die Antwort darauf heißt: Suchmaschinen, Kataloge, Datenbanken. Darunter befindet sich auch die meistgenutzte textbasierte Suchmaschine. Google ist auf dem Weg, zum wichtigsten Schleusenwärter des Internet zu werden. Denn mehr als 90 Prozent aller Nutzer von Online-Inhalten weltweit verwenden den Suchdienst regelmäßig. Inzwischen gibt die Suchmaschine täglich Antworten auf mehr als 200 Millionen Suchanfragen in 88 Sprachen. Sie ist die weltweit fünftgrößte Internetseite und mit 14 Millionen Nutzern die zweitgrößte aller Internetseiten Deutschlands (Quelle: Nielsen//NetRatings März 2003) [14]. In zahlreichen Umfragen und Tests (zum Beispiel von Stiftung Warentest) schneidet sie mit Abstand als beste Suchmaschine ab. Bei diesen Zahlen ist es sicher kein Zufall, dass der Name Google ein Wortspiel mit dem Begriff „googol" ist. Dieser Begriff wurde von Milton Sirott, einem Neffen des amerikanischen Mathematikers Edward Kasner, geprägt und bezeichnet eine Zahl mit einer Eins und Hundert Nullen. Die Gründer des Unternehmens drücken sein Ziel also direkt im Namen aus: die Organisation der immensen Menge an Informationen aus dem World Wide Web und aus der übrigen Welt.

Abbildung 1: Anzeige der Millionen Suchergebnisse, eben ein "googol"

Um dieses Ziel zu erreichen, arbeitet Google mit einer einzigartigen Kombination der neuesten Hard- und Software. Die Geschwindigkeit, die man beim Suchen beobachten kann, basiert teilweise auf der Effektivität des Suchalgorithmus und teilweise auf den Tausenden von „Low-Cost"-PCs, die Google in einem Netzwerk zu einer Hochgeschwindigkeitssuchmaschine zusammengeschlossen hat. Nach eigenen Angaben kennt Google mit etwa 3,3 Milliarden WWW-Seiten deutlich mehr Online-Inhalte als andere Suchmaschinen. Zum Vergleich: als die Google-Gründer ihre Suchmaschine das erste Mal offiziell auf der 7. Internationalen World Wide Web Conference in 1998 Brisbane vorstellten, indizierte Google laut Conference-Paper „nur" 24 Millionen Internetseiten. Experten wie der Hamburger Webdesigner Stefan Karzauninkat (Betreiber der Seite www.suchfibel.de, Autor des Buches „Die Suchfibel") gehen heute davon aus, dass Google nur etwa ein Viertel aller Netzinhalte berücksichtigt. Und trotzdem: Der Aufstieg von Google gehört zu den ganz wenigen verbliebenen Erfolgsstorys der New Economy. [7]

Auf den ersten Blick zeigt sich Google besonders offenherzig auf seiner Seite, wenn es darum geht, Informationen über sich preiszugeben. Erst bei näherem Hinsehen erkennt man, dass die meisten Informationen gleich mehrmals auf verschiedenen Seiten auftauchen und auch nur bereits bekannte Basisinformationen darstellen. An erster Stelle findet man Gründe, warum man Google benutzen sollte – und zwar weil

„Google die relevantesten Suchergebnisse liefert, schnell und zuerst". [14] Google bringt Ordnung ins Web und zeigt nur Seiten an, die den gewünschten Suchbegriff enthalten. Das Unternehmen wirbt aber auch mit den Worten „Google kann Sie glücklich machen!" für sich. [14] Meiner Meinung nach kann das Unternehmen sich dieses Urteil durchaus leisten. Das Ergebnis einer Studie der Bertelsmann-Stiftung von 2003 zur „Qualität und Nutzung von Suchmaschinen" ergab unter 1000 Telefonbefragten, dass Google die mit Abstand am häufigsten genutzte Suchmaschine (69%) ist, gefolgt von Yahoo (10%) und Lycos (5%). [13] Dabei werden die Benutzer mit Sicherheit die schlichte, für heutige Verhältnisse fast schon asketisch wirkende Oberfläche zu schätzen wissen. Statt den Blick des Benutzers vom Wesentlichen abzulenken, ermöglicht das spartanische Layout eine schnelle Orientierung.

Abbildung 2: Google-Startseite

Problematisch an der starken Stellung von Google ist aber nicht nur die drohende Marktbeherrschung, sondern auch die mangelnde Transparenz bei der Erstellung der Rankings. Dies hat auch Prof. Dr. Marcel Machill, Journalistik-Professor an der Universität Leipzig, für die Bertelsmann-Studie kritisiert. Dass einige Online-Anbieter bereits gezielt versucht haben, mit einer Fülle aufeinander verweisender eigener Seiten den Listenplatz zu verbessern, ist kein Geheimnis mehr (siehe Punkt 3). In solchen Fällen landen die Nutzer manchmal auf Homepages, die statt Inhalten nur Marketing und Website-Tipps bieten. [7] Diese mit sogenanntem Spam verseuchten Ergebnisse sind tatsächlich mehr ein Problem des Suchgiganten als bei kleineren Suchmaschinen. Denn der große Erfolg Googles ruft aus allen Ecken zwielichtige „Suchmaschinenoptimierer" auf den Plan, die mit allerlei Tricks die Trefferlisten manipulieren. Selbst der beste noch so geheime Suchalgorithmus kann ausgetrickst werden, wie man an diesem Beispiel sieht. Als zusätzliche Schwäche des Suchmaschinen-Marktführers gilt seine mangelnde Aktualität. So werden neue Versionen von Web-Inhalten von den Google-Suchrobotern häufig erst nach Wochen registriert. Auf der Google-Seite selber erfährt man, dass der Index ungefähr alle 4 Wochen aktualisiert wird. Bei jeder Aktualisierung verändert sich dann der Index der vielen Internetseiten.
Im weiteren Verlauf möchte ich genauer zeigen, welche Eigenschaften Google seinen Ruf verleihen, mit welchen Schwierigkeiten die Suchmaschine zu kämpfen hat und wie diese die Zukunft Googles beeinflussen werden.

2. Geschichte des Unternehmens

Wenn man die Geschichte von Hewlett-Packard oder Yahoo! kennt, dann kennt man auch die von Google, das sich zu diesen Erfolgsgeschichten gesellen darf. Alle drei Unternehmen wurden von zwei befreundeten Stanford-Studenten gegründet und anfangs als Hobby oder bescheiden in einer Garage betrieben.

1998 gründeten Sergey Brin und Larry Page das Unternehmen Google, Inc. Sergey Brin, der in Moskau geboren wurde, erlangte seinen Bachelor of Science mit

Auszeichnung in Mathematik und Informatik von der Universität von Maryland in College Park. Zurzeit ist er von der Stanford Universität, wo er seinen Master-Abschluss erlangte, als Doktorand der Informatik beurlaubt. Brin erhielt ein Graduiertenstipendium der National Science Foundation sowie einen Ehren-MBA des Insitituto de Empresa. In Stanford traf er Larry Page und arbeitete zusammen mit ihm an dem Projekt, aus dem Google entstand. Heute hat er in dem Unternehmen die Position des President, Technology inne. Brins Forschungsinteressen sind unter anderem

Abbildung 3: Sergey Brin   Suchmaschinen, der Auszug von Informationen aus unstrukturierten Quellen sowie Data Mining von großen Textsammlungen und wissenschaftlichen Daten. Er hat mehr als ein Dutzend akademischer Aufsätze veröffentlicht, darunter *„Extracting Patterns and Relations from the World Wide Web"* oder *"Dynamic Data Mining: A New Architecture for Data with High Dimensionality"* (zusammen mit Larry Page). Brin war auf mehreren internationalen akademischen, Wirtschafts- und Technologiekongressen Hauptredner, unter anderem beim World Economic Forum und der Technology, Entertainment and Design Conference.

Larry Page übernahm bei der Gründung von Google die Position des CEO (Chief

Executive Officer). Unter seiner Leitung wuchs das Unternehmen auf über 200 Mitarbeiter und erreichte die Rentabilitätszone. Im April 2001 wurde er dann President of Products. Die Position des CEO bekleidet heute Dr. Eric Schmidt. Zusammen mit Page und Brin ist er für den laufenden Geschäftsbetrieb verantwortlich. Als Sohn des Informatikprofessors Dr. Carl Victor Page (Michigan State University) entwickelte Larry Page schon im Alter von sechs Jahren eine Begeisterung für Computer. Er folgte zwar mit seinem Studium dem Beispiel seines Vaters, seinen Bachelor of Science mit Auszeichnung in Informatik erlangte er jedoch

Abbildung 4: Larry Page   von der Universität von Michigan. Während seines Studiums in Ann Arbor war Page Präsident der Eta Kappa Nu Honor Society der Universität und baute einen programmierbaren Plotter und Tintenstrahldrucker aus Lego™. Ebenfalls während seines Doktorandenstudiums der Informatik an der Universität Stanford lernte Page Sergey Brin kennen. Nach dem Abschluss als Master ließ sich Page von Stanford beurlauben. Wie Brin wurde auch er vom Insitituto de Empresa mit einem Ehren-MBA bedacht und erhielt als erster den Recent Engineering Graduate Award der Alumni Society der Universität von Michigan. Page war Redner bei Kongressen wie der Technology, Entertainment and Design Conference, The Wall Street Journal Technology Summit, dem World Economic Forum und dem Commonwealth Club. Er wurde 2002 vom World Economic Forum als "internationale Führungspersönlichkeit der Zukunft" und von der Zeitschrift "Technology Review" des Massachusetts Institute of Technology (MIT) als "junger Innovator, der die

Zukunft erschaffen wird" bezeichnet. Page ist Mitglied des National Advisory Committee (NAC) des College für Ingenieurwesen der Universität von Michigan. Er wurde vom Research and Development Magazine zum "Innovator des Jahres" ernannt und 2004 in die National Academy of Engineering gewählt. Außerdem wurden er und Sergey Brin auch 2004 in ABC World News Tonight zu den "Personen der Woche" ernannt.

Wie bereits erwähnt heißt der Geschäftsführer seit August 2001 Dr. Eric Schmidt.

Abbildung 5: Dr. Eric Schmidt

Zum Zeitpunkt seiner Ernennung war er fünf Monate im Vorstand von Google. Seit dieser Zeit setzte Schmidt einen Schwerpunkt auf die Errichtung der Firmeninfrastruktur, die Google benötigt, um das schnelle Wachstum des Unternehmens fortführen zu können, sowie auf die Sicherstellung einer gleich bleibend hohen Qualität bei möglichst kurzen Produktentwicklungszyklen. Schmidt ist gleichzeitig Vorstandsvorsitzender bei Novell, wo er in alle bedeutenden strategischen Entscheidungen eingebunden ist und eine zentrale Rolle in der technischen Entwicklung und im Management des Unternehmens spielt. Vor seiner Ernennung bei Novell war Schmidt Leiter der technischen Abteilung und Führungskraft bei Sun Microsystems, Inc. Dort leitete er die Entwicklung von Java, der plattformunabhängigen Programmiersprache von Sun, und hat die dortige Internetsoftwarestrategie bestimmt. Vor Sun war Schmidt Mitglied der Forschungsabteilung im Xerox Palo Alto Research Center (PARC). Er war außerdem in der Bell-Forschungsabteilung und bei Zilog angestellt. Schmidt hat einen Bachelor of Science in Elektrotechnik an der Universität von Princeton sowie einen Master und einen Doktor in Informatik der Universität von Kalifornien in Berkley. [14]

Weitere kompetente Menschen bilden neben den drei schon genannten das Management von Google und sorgen in dieser Kombination für den großen Erfolg des Unternehmens, das übrigens vor kurzem am 7.September seinen sechsten Geburtstag feierte. Chief Financial Officer ist seit 2002 Georges Reyes, der sich bereits vor Google 13 Jahre lang um die Finanzen des Unternehmens Sun Microsystems kümmerte. Der Vizepräsident für Engineering heißt Wayne Rosing, der mehr als 30 Jahre Ingenieur- und

Abbildung 6: Spezial-Logo zum 6. Geburtstag

Forschungserfahrung sowie Erfahrung im Bilden leistungsfähiger Ingenieursteams in einigen der bekanntesten Unternehmen in Silicon Valley, darunter ebenfalls Sun Microsystems und Apple Computer, mitbrachte. Omid Kordestani (Senior Vize President, Worlwide Sales and Field Operations) ist für die Erzielung von Umsätzen zuständig. Als unermüdlicher Leiter einer internationalen Verkaufsstrategie hat er Google in Rekordzeit zur Rentabilität geführt. Vor Google war er bei bekannten Unternehmen wie The 3DO Company, Go Corperation, Hewlett-Packard und Netscape Communications beschäftigt. Cindy McCaffrey, Vizepräsident Corporate Marketing, ist für die Unternehmenskommunikation sowie das Marketing von Google-Produkten und Dienstleistungen bei Konsumenten und Geschäftskunden verantwortlich. Ihre Erfahrung erhielt sie in 20 Jahren bei Firmen wie Apple Computer, E*TRADE, The 3DO Company und SmartForce. Vizepräsident für Product Management ist seit 2002 Jonathan Rosenberg. Für diese Position bringt er mehr als 15 Jahre Erfahrung im Bereich Informationsdienste, Internet sowie Onlinedienste

und Software mit. Er ist Gründungsmitglied der Produktgruppe @Home und war außerdem bei Apple Computer tätig. David C. Drummond ist bei Google seit 2002 Vizepräsident Corporate Development und in dieser Position arbeitet er gemeinsam mit dem Management-Team an der Bewertung und Vorantreibung neuer strategischer Geschäftsmöglichkeiten. 1998 arbeitete Drummond bei einer der führenden Anwaltskanzleien des Landes für Technologiefirmen und unterstützte Google zunächst als externen Berater. Gemeinsam mit Page und Brin betrieb er die Gründung der Firma sowie die Sicherung der Anfangsfinanzierung. Unmittelbar vor seinem Eintritt bei Google war er als Vizepräsident Finanzen und Leiter der Finanzabteilung für SmartForce tätig. Die zehnte Person in einem übersichtlichen Managementsystem übernimmt seit 2003 Shona Brown mit der Position Vizepräsident Business Operations. Vorher war sie fast 10 Jahre als Beraterin von Technologieunternehmen für McKinsey and Company tätig. [14]

Diese zehn Führungspersönlichkeiten bringen allesamt Erfahrungen mit, die sie bei den bekanntesten Firmen der IT-Branche und darüber hinaus sammeln konnten. Das kommt dem Unternehmen Google natürlich zugute und verspricht viel Erfolg heute und zukünftig. Aber nicht nur die „Führungsetage" ist dem Aufstieg zuträglich. Auch die differenzierte Infrastruktur trägt dazu bei. Statt sich ein paar schnelle Rechner zu besorgen, die bis zum Anschlag genutzt werden konnten, mussten die Google-Gründer mit ausgedienten Maschinen aus dem Informatikinstitut auskommen. Page und Brin gingen also regelmäßig zum Lager, um zu sehen, wer neue Rechner bekam und fragten dann, ob sie die alten, nun nicht mehr benötigten Maschinen haben könnten. Von Anfang an mussten Brin und Page also verteilte Rechenoperationen entwickeln, die auf einem Netzwerk wenig zuverlässiger Rechner laufen würden. Diese Philosophie steckt heute immer noch in der DNA der Firma. Google kauft die billigsten Rechner, die man bekommen kann und steckt sie in die unzähligen Racks in einem seiner wahrscheinlich sechs Datacenter auf der ganzen Welt. Dazu sagte Urs Hölzle, ehemaliger Vizepräsident für Engineering und heutiger Google Fellow: „PC's sind soweit verlässlich. Wenn man aber 1000 davon hat, wird täglich einer ausfallen. Wenn man nun 10% mehr Rechner kauft, ist das aber immer noch billiger, als eine verlässlichere Maschine zu kaufen." [5] Wegen seiner großen Infrastruktur musste Google Werkzeuge und Techniken entwickeln, um diese Maschinen zu managen, Performance-Problemen auf die Schliche zu kommen und mit Fehlern schnell umzugehen. Solche Software kann man nicht kaufen, sie muss mit großer Anstrengung im eigenen Haus entwickelt werden. [5] Diese in der Geschichte des Unternehmens liegende Grundlagen sichern noch heute das Bestehen von Google. Aber wie sieht es in der Zukunft aus? Schon heute kennen wir Probleme, mit denen Google auch zukünftig zu kämpfen hat. Davon merkt man dem Google-Hauptstandort, dem sogenannten Googleplex [14], selbst aber recht wenig an. In einem edlen Bürokomplex in der kalifornischen Stadt Mountain View lebt der Büroalltag der Zukunft. Die aktuell 2300 im Schnitt 29jährigen Angestellten kommen in Sandalen und T-Shirt und bringen ihre Kinder und Hunde mit. „Sie spielen Flipper und Tischtennis während der Arbeitszeit. Sie entspannen bei Gratis-Massagen und lassen sich in der Edelkantine mit Gratis-Speisen versorgen. Auch Kaffee, Eis und Süßigkeiten gibt es umsonst und unbegrenzt. Einmal in der Woche fährt sogar der Zahnarzt mit dem Bus vor - zur kostenlosen Visite" so schreibt DER SPIEGEL vom "revolutionärsten Arbeitsumfeld der Welt", wie Google in ihren Stellenanzeigen schwärmt. Hier, am Amphitheatre Parkway in Mountain View, lebt die New Economy weiter, als hätte es 2000 den Zusammenbruch nie gegeben, der Tausende Internet-Firmen in den Ruin stürzte. [21] Larry Page und Sergey Brin

hingegen schafften es bereits vor dem Börsengang mit ihrem Unternehmen auf die Forbes-Milliardärsliste.

Ob William R. Hewlett und David Packard vom gleichnamigen Unternehmen hp, David Filo und Jerry Yang von Yahoo! oder Page und Brin, sie bzw. ihre Familie sind durch ihre Arbeit und ihren Erfolg Millionäre bzw. Milliardäre geworden. Und beinahe müsste man sagen, dass sich die Geschichten der Unternehmen Hewlett-Packard und Yahoo! zu der des Unternehmens Google gesellen dürfen und nicht anders herum.

3. Die geheimen Algorithmen

Die Techniken und speziell die Algorithmen einer Suchmaschine sind das wichtigste Kapital eines Unternehmen, das in diesem Bereich bestehen möchte. Aus diesem Grund braucht man sich nicht wundern, dass man auch nach langem Suchen keine tiefergehenden Informationen zu diesem Thema findet. Die Betreiber einer erfolgreichen Suchmaschine wären auch ziemlich unklug, ihre Technik der Allgemeinheit preiszugeben, denn dann wären sie möglicherweise schnell nicht mehr so erfolgreich, wenn Konkurrenten die Algorithmen kopieren könnten.
Bei der Arbeit mit Internetseiten, also dem Entwurf und der Implementierung, stößt man schnell auf Metatags. Wer HTML (Hyper Text Markup Language) programmieren, also Webseiten schreiben möchte, sollte sich in jedem Fall mit diesem Thema beschäftigen. Metatags sind Stellen einer HTML-Seite, an der man allgemeine Informationen über die jeweilige Seite unterbringen kann. Ganz wichtig hierbei sind die Keywords, nach denen gesucht wird, und die Descibtion, die als Beschreibung der Seite in der Ergebnisliste auftaucht. Sogenannte „Suchroboter" suchen dann ganz gezielt nach diesen Hinweisen, um die entsprechende Seite nach einer Suchanfrage aufzulisten. Stattet der Designer seine Internetseite mit diesen Metainformationen aus, kann er recht sicher sein, dass seine Seite auch von Suchmaschinen gefunden wird. Dies kann zwischen Bestehen und Erfolg eines Unternehmens und dessen Untergang entscheiden. Denn die Zahl der Benutzer, die e-Commerce nutzen bzw. ein bestimmtes Unternehmen aus ihrer Nähe im Internet suchen, wächst unaufhörlich weiter. Möchte eine Firma heutzutage erfolgreich sein, reicht es nicht mehr aus, nur in den Gelben Seiten aufzutauchen. Auch eine ansprechende Internetpräsenz oder sogar ein zusätzlicher Webshop sollen das Interesse der Kunden anziehen. Und Suchmaschinen helfen den Unternehmen dabei. Was ist aber zu tun, wenn die wichtigen Seiten nicht gefunden werden? Dazu sollte man versuchen, hinter die Technologie einer Suchmaschine, und am besten der am häufigsten benutzten, zu schauen.
„Wie arbeitet Google? Welche Algorithmen stecken in der leistungsstarken Software? Warum ist Googles Rechnersystem so viel erfolgreicher als andere?" - Das bleiben wohl auch in naher Zukunft Fragen ohne Antworten. Denn wenn es um die Technik geht, hält sich Google natürlich bedeckt. Auf ihrer Internetseite erhält man auch nur Auskunft über Basisinformationen und das gleich auf mehreren Seiten. „Viele Suchmaschinen geben die Suchergebnisse darauf basierend aus, wie oft die Keywords auf einer Webseite erscheinen. Google ist anders. Google hat eine fortschrittliche Suchtechnologie entwickelt, die eine Reihe von simultan berechneten Kalkulationen beinhaltet, die ohne menschliches Eingreifen in weniger als einer halben Sekunde durchgeführt werden. Das Herz dieser Technologie bilden die PageRank-Technologie sowie die Analyse von Hypertextübereinstimmungen, die von Larry Page und Sergey Brin entwickelt wurde." [14], so kann man dort lesen.

Google ist eine hypertextbasierte Suchmaschine, die den gesamten Inhalt jeder einzelnen Webseite und Faktoren wie Schriftarten, Unterteilungen und die Positionen der Begriffe auf der Seite analysiert. Pech hat ein Webseiten-Designer, wenn er die tollsten Überschriften als Bilder, vorzugsweise jpg- oder gif-Dateien, erzeugt. Die Information in dem Bild wird von der Suchmaschine übergangen, und dass obwohl sich meistens gerade in den Überschriften die relevantesten Keywords verstecken. Es gibt da allerdings den Trick des „Blind Text": Wörter, die in gleicher Farbe wie der Hintergrund auf einer Seite geschrieben sind. Der Designer kann einfach die Überschrift erneut schreiben, ohne dass diese auf der Seite auftaucht und für die Suchmaschine dennoch sichtbar bleibt.
Die andere Hälfte der Suchtechnologie Googles bildet der PageRank-Algorithmus. Der Name PageRank bildet sich aus dem Erfinder Larry Page und dem Wort Ranking für Rang und bezeichnet den Wert und somit den Rang einer Seite in der Trefferliste. Mit der herunterladbaren Google-Toolbar kann man sich den PageRank jeder Seite anzeigen lassen. Dabei nimmt dieser Algorithmus eine objektive Bewertung der Wichtigkeit einer Webseite vor. Google gibt an, dass „dabei eine Gleichung mit 500 Millionen Variablen und über 3 Milliarden Begriffen berechnet wird". Was das genau bedeuten soll, kann ich mir leider nicht erklären. Diese Aussage ist zu undurchsichtig, als man sie interpretieren könnte. „PageRank nutzt die breitgefächerte Linkstruktur des Internets, um es zu organisieren. Im Wesentlichen interpretiert Google einen Link von Seite A auf Seite B als ‚Votum' von Seite A für Seite B." [14] Das bedeutet also, das eine Seite um so wichtiger ist, desto mehr ‚Voten' sie von anderen Seiten erhält. Mit anderen Worten heißt das, je mehr Links für eine Seite existieren, desto wichtiger ist sie und desto weiter oben erscheint sie auf der Ergebnisliste. Auch wenn auf der Google-Seite zu lesen ist, dass PageRank keine Links zählt, tut der Algorithmus aber genau das. Dieses Wissen nutzen findige „Suchmaschinenoptimierer", wie diese Leute sich selber nennen, in jüngster Vergangenheit aus. Frei nach dem Motto, „wenn Google viele Links für ein hohes Ranking voraussetzt, dann geben wir Google viele Links" erzeugten sie ganze „Linkfarmen". Auf Dutzenden oder Hunderten von Domains generieren dabei Programme aus vordefinierten, sehr umfangreichen Stichwortlisten Tausende untereinander verlinkter Seiten. Diese Seiten erkennt man oft an den generischen Domainnamen, Produktbezeichnungen oder an den vielen Ziffern in der URL.
Benutzer erhalten bei Recherchen für Produkte und Dienstleistungen immer weniger brauchbare Treffer: Webseiten, die mit dem Suchbegriff nichts zu tun haben oder Ergebnisseiten anderer Suchmaschinen. Neutrale Informationen zu diesem Thema sind unter den ersten zehn Treffern selten geworden. Die penetrante Präsenz mancher Seiten in den Suchergebnissen wird als Spamming wahrgenommen. Das Phänomen, das bisher nur Email befallen hat, weitet sich nun auch auf die Suchmaschinen aus, wobei Google dabei sehr bevorzugt wird. Schuld daran ist mit Sicherheit Googles große Beliebtheit bei Internetsuchenden. Google reagiert darauf mit dem Entwickeln neuer Software zum Auffinden und Entfernen von Spam. Leider kann auch der „Suchmaschinen-Primus" [10] keine klare Spam-Definition geben und nimmt somit die Grundlage einer funktionierenden Software. Denn manchmal ist die durch Google verbotene Technik durchaus legitim. So indiziert der Suchdienst die meisten dynamischen Seiten nicht, weshalb der Betreiber eines Online-Shops mit dynamisch aus einer Datenbank generierten Seiten zusätzlich statische Brückenseiten bauen, damit sein Angebot bei Google überhaupt gelistet werden kann. Die Unterscheidung und Aussortierung ist also durch die fehlende Spam-Definition maschinell bzw. automatisiert gar nicht möglich. Zu den häufigsten Spamming-Methoden gehören laut Lycos Keyword-Stuffing (unverhältnismäßig lange

bzw. unsichtbare Schlüsselbegrifflisten), Doorway Page Stuffing („Link-Farmen"), Domain oder URL Stuffing (mehrere Domainnamen für die gleiche Seite), irrelevanter Content (Schlüsselwörter und tatsächlicher Seiteninhalt stimmen nicht überein), Cloaking (Vorgaukeln korrekter Seiten zwecks besserer Position in der Trefferliste, während der Benutzer auf andere Seiten geleitet werden) und Redirects (Weiterleitungen) [13] Selbst wenn auch Google eine bessere Definition hätte, würden sie sie ohnehin nicht veröffentlichen. Denn das würde die Suchmaschinentrickser wiederum veranlassen, bis an die Grenzen dieser Definitionen zu gehen, um die Ergebnisse der Suche zu verfälschen.

4. Finanzierung

Der Jahresgewinn von Google wurde 2003 auf etwa 150 Millionen Dollar geschätzt. Die 272,2 Millionen Aktien des Unternehmens sind nach dem erfolgreichen Börsenstart rund 27 Milliarden US-Dollar wert. (siehe Punkt 4.2) Dabei hat die sechs Jahre alte Gesellschaft nur 2292 Mitarbeiter, einen Umsatz von 1,35 Milliarden US-Dollar und einen Gewinn von 143 Millionen US-Dollar im ersten Halbjahr 2004. Aber wie finanzieren sich eigentlich Suchmaschinen? Diese Frage wurde auch den 1000 Telefon-Befragten der Bertelsmann-Studie zur Nutzung und Qualität von Suchmaschinen gestellt. 55% der Befragten glaubt, dass sie sich in erster Linie durch den Verkauf von Nutzerdaten finanzieren. 53% glauben an kostenpflichtige Premium-Dienste. An dritter Stelle landete mit 41% die Vorstellung, dass Betreiber von Webseiten dafür bezahlen, dass sie besonders auffällig angezeigt werden, beziehungsweise waren 39% der Meinung, dass die Betreiber überhaupt nur mit einer Bezahlung angezeigt werden. Auf dem letzten Platz von sieben verschiedenen Finanzierungsformen lag schließlich mit 9% die Finanzierung durch Werbeeinblendungen und Sponsoren. [13]
Tatsächlich verhält es genau andersherum: Google verdient mit Werbung 98% seines Einkommens. Die meisten der Suchmaschinen, darunter auch Google, sind für die suchenden Benutzer und die gefundenen Personen oder Unternehmen kostenlos. Aber es existieren auch Bezahlsuchmaschinen, die für ihre Plätze auf der Trefferliste Geld von den gefundenen Unternehmen verlangen. Overture gilt als der Pionier auf diesem Gebiet. Das 1997 (ursprünglich als www.GoTo.com) gegründete Unternehmen verdiente 2002 78,4 Millionen Dollar. Auf www.QualiGO.de befindet sich die erste sogenannte pay-per-click-Suchmaschine Deutschlands. Das Unternehmen ist eine Tochterfirma der www.SuchtrefferAG.de und entstand nach dem Vorbild der schon erwähnten amerikanischen Bezahl-Suchmaschine www.GoTo.com. Sie indexiert bereits mit mehr als 15 Millionen Seiten das gesamte deutschsprachige Internet (Deutschland, Österreich, Schweiz). Bieter, die auf den Trefferlisten erscheinen möchten, bezahlen einen Betrag ab 1Cent. Der Meistbietende belegt den vordersten Platz, danach erscheinen die nächsthöheren Gebote. Jedes Mal, wenn ein User diese Firmen anklickt, verdient die Suchmaschine Geld. Die Trefferlisten sind präziser, deshalb ist diese Art der Werbung für die Unternehmen billiger als Bannerwerbung und wesentlich effektiver. Die Benutzer besuchen die Webseite der Firma, weil sie genau das suchen, was dort angeboten wird. Da es keine Möglichkeit gibt, Seiten ohne Bezahlung anzumelden, sollten Spam und Massenanmeldungen kein Problem für diese Suchmaschinenart werden. Außerdem werden die Inhalte gefiltert, bevor sie in den Index eingetragen werden. Meiner Meinung nach bedeutet das einen hochwertigen Datenbestand.

Suchmaschinenbetreiber sind allerdings verpflichtet, die verkauften Listenplätze kenntlich zu machen. Sie müssen darauf achten, dass sie ihre Glaubwürdigkeit und Qualität nicht verlieren. Denn sonst kann sich der Benutzer nicht mehr sicher sein, ob ein Treffer weiter oben auf der Ergebnisliste steht, weil er relevant für die Suchanfrage ist oder weil der Inhaber mehr Geld bezahlt hat. Google nutzt diese Art der Finanzierung nicht auf den primären Ergebnislisten. Sie haben für das Paid-Placement den Platz rechts neben den eigentlichen Such-Ergebnissen reserviert (siehe Punkt 4.1).

Den anderen Nicht-Bezahlsuchmaschinen bleiben zur Finanzierung ihrer Arbeit Werbung, Lizenzierung und die Außenfinanzierung durch einen Börsengang. Gerade Google verdient einen großen Teil damit, dass sie ihren ausgereiften Suchdienst verkaufen. So beispielsweise bis Januar 2004 an Yahoo. Das heißt, dass Suchergebnisse von Yahoo durch den Algorithmus von Google erscheinen (mehr siehe Punkt 6).

Einige Suchmaschinen verlangen sogar eine Summe für den Eintrag in den Index. So dauert beispielsweise das Listing ohne Bezahlung bei Lycos mehrere Wochen, außerdem gibt Lycos keine Garantie auf die Aufnahme in den Katalog. Das Express-Listing innerhalb von zwei Werktagen für die Kataloge von Lycos, meinestadt.de und allesklar.de kostet 230,84€ pro Jahr. Durch den kostenpflichtigen Indexeintrag entsteht allerdings ein indirektes Ranking, da kommerzielle Anbieter unabhängig vom Inhalt ihrer Seiten schnell gelistet und gefunden werden. Nichtkommerzielle Anbieter erscheinen hingegen wenn überhaupt erst nach Wochen in der Ergebnisliste, selbst wenn der Inhalt ihrer Webseite sogar relevanter ist. Aber es gilt: wichtig und auffindbar ist, wer zahlt.

Die Möglichkeiten, auf Suchmaschinenseiten zu werben, sind vielfältig. Einige seien hier genannt. Die klassische Bannerwerbung in standardisierten einheitlichen Größen ist preiswerter als andere Sonderwerbeformen und garantiert eine hohe Reichweite. Pop-Up- und Pop-Under-Banner sind kleine anklickbare Fenster, sich die beim Aufruf der definierten Seite vor ihr bzw. hinter ihr öffnen. Scroll Ads füllen meist den Raum rechts vom Inhalt der Seite und sie wandern mit dem Herunterscrollen der Seite mit, bleiben also immer im Blickfeld des Benutzers. Content Ads sind in den Inhalt der Seite integriert und sprechen den Benutzer im Zustand höchster Aufmerksamkeit an. Interstitials sind das größte Werbeformat. Sie erscheinen automatisch ohne gezielte Anforderung, verdecken für einige Sekunden das komplette Browserfenster und erzielen auf diese Weise die ungeteilte Aufmerksamkeit des Users. Beim Sponsoring wird der Werbekunde in ein redaktionelles Special integriert, in dem ein Schwerpunktthema besonders aufbereitet wird. Der Werbekunde erhofft sich durch die Verknüpfung spezifischer redaktioneller Inhalte mit der exklusiven Präsentation einen Imagegewinn für seine Person oder sein Unternehmen. Auch die Werbung mittels Newsletter wird immer attraktiver für Werbetreibende.

Diese sollten es allerdings mit dieser Art von Werbung nicht übertreiben. Denn die immer störender werdende Werbung im Internet führt nur dazu, dass Kunden irgendwann gar nicht mehr auf sie achten. Vor allem ungewollte Newsletter, die man weder bestellt hat noch abbestellen kann und die somit wieder eine Form von Spam sind, lassen das werbende Unternehmen in einem schlechten Licht dar stehen, womit die Werbewirksamkeit dahin ist.

4.1 Google Adwords

Seit Anfang 2002 wird Google AdWords, den „sponsored Links", der Platz rechts neben den Trefferlisten reserviert. Sie sind mit grün hinterlegt, so dass sie als gekaufte Ergebnisse erkennbar sind. Das sagt Google über seine AdWords: „Unser

Ziel ist es, Ihnen die Möglichkeit zu geben, in effizienter Weise eine Verbindung zwischen Ihrem Unternehmen und potentiellen Kunden herzustellen. Um dies zu erreichen, bietet Google AdWords Ihnen Kontrolle, Erfolg und Unterstützung." [14]

Abbildung 7: AdWords sind rechts und als Anzeigen erkennbar

Zur Kontrolle hat der Werbende die Möglichkeit der Cost-per-Click-Preissetzung (CPC). Ein Anklicken auf einen der Links kostet zwischen 5 Cent und 50 € und zusätzlich eine Einrichtungsgebühr von 5 €. Damit der Kunde nicht grenzenlos viel Geld bezahlen muss, legt er ein Tagesbudget fest (ab 5 Cent) und wie viel ein Klick auf seinen Link kosten soll. Wird das Tagesbudget erreicht, wird die selbst erstellte Anzeige nicht mehr aufgelistet. Darunter stehende Anzeigen rutschen dann um einen Platz nach oben. Einen monatlichen Mindestumsatz gibt es nicht. Diese Anzeige erscheint dann nicht nur bei Google, sondern auch in einem ganzen Werbenetz von Websites: bei T-Mobile, Kelkoo, Focus-Online, Brigitte.de, Spiegel Online, Kwick!, Prinz, Job-Wahl Zukunft, heise online, Finanztreff.de und 20 six. Täglich bekommt der Werbende Berichte zur Effektivität der Anzeige, damit er immer sicher gehen kann, dass seine Werbung auch Wirkung zeigt. Um Erfolg mit AdWords zu erzielen, bekommt das Unternehmen hier die Möglichkeit, so kostengünstig wie möglich auf sich aufmerksam zu machen. Er erhält für seine Produkte Keyword-Vorschläge, die Google für sinnvoll hält. Zur Unterstützung hat Google das Help Center zur Beantwortung von Fragen bezüglich des Kontos und für Tipps zur Leistungsverbesserung eingerichtet. Der Kunden-Support erfolgt allerdings nur per E-Mail.

Der Rang der AdWords-Anzeige in der Werbespalte bestimmt der CPC in Kombination mit den Klickraten aller Anzeigen, also den Anteilen der Besucher, die auf die Anzeigen geklickt haben, im Verhältnis zur Gesamtzahl ihrer Einblendungen. Mit diesem System sollen zielgerichtete relevante Anzeigen belohnt werden und entgegen eines preisbasierten Rangsystems ist die erste Position nicht

ausgeschlossen. Der „Traffic Estimator" errechnet die durchschnittliche Anzeigenposition für jedes Keyword, diese Schätzung basiert auf der durchschnittlichen Klickrate für die gewählten Keywords. Diese Art der Werbung bleibt aber hingegen aller schönen Eigenwerbung von Google nicht ohne Risiken. Einige Werbetreibende versuchen, mit unsauberen Tricks ihre Anzeigen nach vorne zu mogeln, indem sie auf die Anzeigen der Konkurrenten solange klicken, bis deren Tagesbudget erschöpft ist und ihre Anzeige nicht mehr eingeblendet wird. Das Konkurrenzunternehmen rutscht dann für diesen Tag weiter nach oben und wer weiter oben steht, erzielt natürlich die größere Werbewirkung. Google gib auf ihrer Seite „Google: Fakten und Fiktion" bekannt, dass „Mitbewerber praktisch keine Möglichkeit haben, das Ranking einer Seite negativ zu beeinflussen oder eine Seite aus dem Index zu entfernen. Ranking und Verbleiben im Index hängen von Faktoren ab, die ausschließlich von den Betreibern der Seite kontrolliert werden, wie der Auswahl von Inhalten und dem Aufbau der Seite." [14] Sicherlich kann das „Click Spamming" nicht bewirken, dass eine Seite komplett aus dem Index verschwindet, allerdings wird eine AdWords-Anzeige immerhin für einen ganzen Tag und zu einem gewissen Preis nicht mehr angezeigt. Mittlerweile gibt es Programme, die das Klicken auf die Konkurrenten automatisch ausführen. Wenn ein Klick einer Anzeige beispielsweise 5€ kostet und am Tag zehnmal angeklickt wird, kostet dies den Geschädigten 1500€ im Monat ohne das sich irgendjemand ernsthaft für sein Unternehmen interessiert hat. Google möchte für die Sicherheit der Klicks mit einer Überprüfung gewährleisten, dass normale von unzulässigen Klicks unterschieden und von der Rechnung gestrichen werden. Außerdem kümmert sich zusätzlich ein Team um die Erkennung von ungültigen Klicks. [14] Die Computer-Fachzeitschrift c't hat in ihrem 13. Heft 2004 einen Test der Google AdWords durchgeführt. Dazu richteten sie zwei AdWords ein, die sie und kein weiterer Google-Nutzer (erscheint in den täglichen Berichten an den Betreiber der Anzeige) in den ersten Tagen nicht anklickten. An zwei Tagen haben die Tester dann jeweils für wenige Stunden mit einem selbstgeschriebenen Programm (Skript) für reges Anklicken der Anzeigen gesorgt, rund 100 Mal. Danach hatten die Anzeigen wieder keine Klicks. Google hat von dieser Manipulation nichts mitbekommen und sämtliche Klicks in Rechnung gestellt. [11]

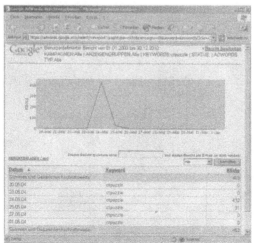

Abbildung 8: c't-AdWords Auswertungsbericht

Das Google AdWords-Programm lädt also zum Missbrauch ein. Selbst wenn Google in naher Zukunft eine Software entwickelt, die es schafft, automatisiertes Click-Spamming zu entlarven um den Werbetreibenden zu schützen, wird ein intelligentes Verfahren der „Klickpiraten", wie ich sie nennen möchte, kaum aufzuspüren sein. Konkurrenzunternehmen könnten diese Leute für ihre Zwecke engagieren. Denn wenn eine Person in unregelmäßigen Abständen und mit einer wechselnden IP-Adresse Click-Spamming ausführt, ist sie so gut wie nicht erkennbar für jeden noch so intelligenten Algorithmus.

4.2 Börsengang

Damit das Unternehmen Google seine eigene Marktposition festigen und weiter wachsen kann, plante der Google-Vorstand bereits Mitte 2001 die Außenfinanzierung durch den Börsengang. Die Google-Gründer machten aber keine genaue Angabe über den Zeitpunkt und so dauerte es doch bis August 2004, bis dieses Vorhaben in die Tat umgesetzt wurde.

Der Börsengang wurde von US-Investmentbanken wie „Morgan Stanley" und „Credit Suisse First Boston" sowie Deutsche Bank Securities und 25 weiteren Banken organisiert und begleitet Der Ausgabepreis der neuen Wertpapiere wurde mittels einer Auktion festgelegt, was in der Branche als seltenes und unsicheres Verfahren gilt. Bei einer Internet-Abschlagsauktion wird mit einem Höchstpreis begonnen, der kontinuierlich sinkt, während Bieter Anteilsmengen ordern können. Der Bieter für die letzte Teilmenge bestimmt schließlich den Preis für alle. Diese Versteigerung der insgesamt 25,7 Millionen Aktien startete am Freitag, dem 13.08.2004 um 9.00 Uhr New Yorker Zeit. Die Bieter mussten sich zuvor registriert haben. Google hatte Ende Juli 2004 eine Preisspanne zwischen 108 und 135 US-Dollar als Ausgabepreis je Aktie angestrebt. Nur 5 Tage nach Beginn der Auktion lag der von Google erwartete Preisrahmen lediglich noch bei 85 bis 95 Dollar. Auch die Gesamtzahl der angebotenen Aktien wurde aufgrund der schwachen Nachfrage auf 19,6 Millionen Stück reduziert. Und dann war es amtlich: der Internet-Suchmaschinenbetreiber einigte sich mit den Investmentbanken in der Nacht zum 19.08. auf einen Ausgabepreis von 85 US-Dollar. Bereits wenige Minuten nach dem Auftakt des stundenlang verzögerten Handels lagen die Google-Aktien an der NASDAQ-Börse mit 101,60 US-Dollar um 19,52 Prozent über dem Ausgabekurs. Die Aktie konnte dann zwei Tage nach Börsengang noch einmal zulegen und stieg am 21.08. auf über 108 US-Dollar. [15]

Vor dem lange erwarteten Börsengang hatte das Unternehmen mit einigen Schwierigkeiten zu kämpfen. Zu erwähnen ist der Patent- und Aktien-Streit mit Konkurrent Yahoo. Grund für den Streit war das US-Patent Nr. 6.269.261, das bereits im Mai 1999 von GoTo.com, dem Vorläufer von Overture eingereicht und im Juli 2001 zugeteilt wurde. Das Patent beschreibt eine Methode, wie die Position eines Eintrags innerhalb einer von einem Computer erzeugten Ergebnisliste für eine Suche beeinflusst werden kann. Da Google keine weiteren Schwierigkeiten für den Börsengang wollte, zahlte das Unternehmen rund 2,7 Millionen Aktien im Wert von 300 Millionen US-Dollar an Yahoo. Außerdem wird Google der Yahoo-Tochter Overture Lizenzgebühren für genutzte Patente zahlen und erhielt eine zeitlich unbeschränkte Lizenz an den von Overture patentierten Techniken. Außerdem legten Yahoo und Google mit dieser Einigung einen Streit um die

Bezugsberechtigungen für 3.719.056 Google-Aktien bei, die Yahoo im Rahmen eines Service-Vertrages im Jahr 2000 anerkannt wurden (siehe Punkt 6.2) Google drohte ein weiterer Rechtsstreit wegen seinem Email-Dienst GMail (siehe Punkt 5). Auch die von der kalifornischen Regulierungsbehörde SEC eingeleiteten Untersuchungen, ob Google unrechtmäßig Aktien an hunderte Angestellte und Berater ausgegebenen hat, gefährdeten den Börsenstart.
Kurz vor dem Börsengang drohte erneuter Ärger: die US-Börsenaufsicht SEC ermittelte auch gegen Google wegen eines möglichen Verstoßes gegen die vor einem Börsengang geltende Schweigepflicht. Denn die Google-Gründer Page und Brin hatten rund eine Woche vor Einreichen der Unterlagen bei der Behörde der Zeitschrift „Playboy" ein Interview gegeben, das in der Septemberausgabe erscheint. In dem Interview ging es unter anderem um die Marktchancen des Dienstes GMail und die Auswirkungen des Börsengangs auf die Unternehmenskultur von Google. [15]
Trotz der Schwierigkeiten sind die Google-Gründer über Nacht zu Multimilliardären geworden. Gemessen am Gesamtwert der Aktien lässt Google nun eine große Zahl amerikanischer Unternehmen hinter sich, obwohl diese um ein Vielfaches größer sind. Dazu zählen beispielsweise der führende Baumaschinenhersteller Caterpillar mit 24,4 Milliarden US-Dollar oder der weltgrößte Autohersteller General Motors mit einem Gesamtwert von 23,5 Milliarden US-Dollar.
Nicht einmal in den besten Zeiten des Internet-Booms war ein junges Unternehmen mit einer derart hohen Bewertung gestartet [21] und finanziell so schnell so erfolgreich.

5. Zusätzliche Dienste

Google bietet nicht nur die „einfache Suche" im gesamten Web an, sondern im Laufe der Zeit wurden seine Angebote immer wieder um sinnvolle Funktionen ergänzt. Dazu zählen die Bildersuche, die Suche im Usenet, Google News und das Verzeichnis. Außerdem bietet Google noch seine Toolbar an, über die der Benutzer direkt zu den Diensten von Google gelangen kann.
Unter http://images.google.de findet man die „umfassendste Bildsuche im Web" [14], die in englischer Sprache seit Juni 2001 existiert. Es werden nicht wie bei der üblichen Suche Links auf Webseiten angezeigt, sondern Thumbnails der gefundenen Bilder und deren Dateinamen. Ein Thumbnail (deutsch: Daumennagel) ist eine verkleinerte Version einer Grafik in niedriger Auflösung, also schlechterer Qualität. Die Seitenbetreiber müssen aber keine Angst haben, dass die entsprechenden Bilder aus dem Kontext gerissen werden, denn ein Klick auf das kleine Bild zeigt das Original auch in seinem HTML-Umfeld.
Google hat nach eigenen Angaben die größte Sammlung von Newsgroups-Beiträgen unter http://groups.google.de archiviert, die je zusammengetragen wurde. Das Usenet wurde 1978 ins Leben gerufen und es handelt sich um virtuelle schwarze Bretter. Jeder Benutzer kann eigene Nachrichten hinterlassen, die dann von allen anderen Besuchern gelesen und auch beantwortet werden können. Die dabei zu Grunde liegende thematische Ordnung teilt das Usenet seit 1988 in ein halbes Dutzend Hierarchien ein. Diese sind weiter unterteilt und in länderspezifische Bereiche aufgeteilt. Bei Google findet man folgende Kategorien: de (Diskussionsgruppen in Deutsch), alt (Alternatives), biz (Produkte, Dienstleistungen,

Beurteilungen), comp (Rund um Computer), humanities (Literatur, Philosophie), misc (Arbeitsplatz, Gesundheit), news (Neuigkeiten aus dem Usenet), rec (Spiele, Hobbies, Sport), sci (Wissenschaften), soc (Soziales, Kultur) und talk (Debatten, aktuelle Probleme). Nach der Übernahme der Deja.com-Usenet-Datenbank hat Google dieses Archiv, das nur bis zum Jahr 1995 zurückreichte, mit älteren Beiträgen vervollständigt. Nun erhält der Benutzer einen fast kompletten Rückblick auf die gut 700 Millionen Beiträge, die bis ins Jahr 1981 zeigen. Im Anhang befindet sich eine Zeitlinie der Beiträge, die Google auf ihrer amerikanischen Seite veröffentlicht hat. Dort kann man Beiträge wie die erste Erwähnung einer kleinen Firma namens Microsoft, Diskussionen über die brandneue Compact Disc oder de Ankündigung des WorldWideWeb-Projekts durch Tim Berners Lee finden. Gerade für Leute, die sich in dieser Richtung interessieren, bietet das Archiv wahre Schätze an Usenet-Beiträgen, die von großem historischem Wert sind.

„Das Web nach Themen in Kategorien geordnet" [14] hat Google unter http://directory.google.de. Mit Themen von Computer über Gesundheit und Sport bis Zuhause und zusätzlichen Unterkategorien findet der Benutzer eine gegliederte Oberfläche, auf der er themenorientiert suchen kann. Google bedient sich hierbei von den Katalogergebnissen des „open directory project" (www.dmoz.org). Mit Hilfe einer großen Gemeinschaft freiwilliger Editoren versucht das Projekt, das umfangreichste Internet-Verzeichnis zu erstellen. Mit dem Spruch „Menschen sind besser" wird darauf aufmerksam gemacht, dass hier keine Programme oder Maschinen das Verzeichnis erstellen, sondern Menschen neue Anmeldungen überprüfen und in die passenden Kategorien eintragen. Das entspricht eigentlich nicht Googles Maxime, jegliches Problem automatisiert zu lösen, dennoch scheint die Verzeichnissuche mit dmoz.org sehr erfolgreich zu sein.

Google News existiert auf http://news.google.de seit Juli 2003 und ist ein „automatisch generierter Nachrichtendienst, der auf über 700 Quellen basiert" [14]. Darunter beispielsweise tagesschau.de, Tagesspiegel, sueddeutsche.de, Spiegel

Abbildung 9: Google News am 21.September 2004 um 14:31 Uhr

Online, Berliner Morgenpost, F.A.Z., Heise Newsticker, PC-Welt oder ZDFheute. Auf der Startseite erscheinen links die relevantesten Schlagzeilen und rechts die jüngsten Nachrichten. Unter diesen Beiträgen befinden sich die jüngsten Artikel aus

den Themen International, Deutschland, Wirtschaft, Wissen/Technik, Sport, Unterhaltung, Gesundheit und weitere Schlagzeilen. Für jeden Artikel wird angegeben, wann er gefunden wurde. Außerdem enthält Google News keinen Artikel, der älter als 30 Tage ist. Da zu einem Thema gleich mehrere Quellen angezeigt werden, kann der Benutzer gut beobachten, wie verschiedene Nachrichtenunternehmen über den gleichen Sachverhalt berichten. „Das Angebot von Google News ist einzigartig, da es einen Nachrichtenservice anbietet, der ausschließlich von Computeralgorithmen und völlig ohne das Eingreifen von Menschen erstellt wird. Obwohl die Nachrichtenquellen über verschiedene Blickwinkel und redaktionelle Ansätze verfügen, wird ihre Auswahl für Google News ohne Bezug auf politische Standpunkte oder Ideologien getroffen. Obwohl dies unter Umständen zu ungewöhnlichen und sich widersprechenden Gruppierungen führen kann, stellt Google News gerade deswegen eine wertvolle Quelle für Informationen zu den wichtigen Themen des Tages dar." [14] Dies sagt Google über seinen Nachrichtendienst auf seiner Seite und man kann wiederum erkennen, dass das Unternehmen enorm viel Wert auf automatisches Zusammenstellen der Ergebnisse legt.

Auf der amerikanischen Seite ergänzt Google sein Angebot jedoch um einen Dienst menschlicher Mitarbeiter: seit April 2002 befindet sich unter http://answers.google.com Google Answers. Dort bekommt der Benutzer die Gelegenheit, gegen Gebühr eine Frage bei einem Information Broker einzureichen. Dieser Experte auf seinem Gebiet bemüht sich dann um eine Antwort. Der Benutzer stellt seine Frage und wählt zusätzlich aus mehreren Themenkategorien aus. Den Rest regelt der Dienst selber. Schließlich muss der Benutzer noch angeben, wie viel ihm eine kompetente Antwort wert ist und wie lange er maximal darauf warten möchte. Ihm bleibt die Wahl zwischen einer Woche, einem Monat oder einem Jahr. Mögliche Preise liegen zwischen 4 und 50 US-Dollar. Man kann gespannt sein, ob und wann dieser Dienst auch zu uns nach Deutschland kommt.

Einen weiteren neuen Service gibt es bislang nur auf der Labor-Seite http://labs.google.com des Unternehmens. Die sogenannte Site-flavored Search verändert die Suchmaschine mehr in Richtung Web-Verzeichnis. Webmaster, die diese Form der Google-Suche anbieten wollen, können durch Anklicken verschiedener Kategorien von diversen Facetten des Bereichs Arts/Cinema über News bis zu Unterkategorien für Sports ein Profil ihrer vermeintlichen Web-Besucher eingeben und dadurch eingrenzen, welche Treffer Google in Reaktion auf eine Suchanfrage zur gastgebenden Webseite durchläßt und welche nicht. Anders als bei Webverzeichnissen wie Yahoo! oder das bereits erwähnte Open Directory baut Google wieder einmal nicht auf menschliche Redakteure, sondern beruft sich auf selbstentwickelte Algorithmen, welche die Zugehörigkeit einer gefundenen Webseite zu den infrage kommenden Kategorien beurteilen sollen.

Anfang diesen Jahres wurde das neueste Projekt von Google vorgestellt: „Google Print" ist eine Suche in nicht online gehaltenen Informationen, also aus Büchern, Zeitungen oder Zeitschriften, und noch nicht in Betrieb. Pläne über einen Zeitplan gibt es bisher nicht. Aber wie bei der Ankündigung des Börsengangs gesehen, kann es eine Weile dauern, bis Google Print zum Einsatz kommt.

Ich möchte noch einen anderen Dienst erwähnen, den es bisher auch nur „im Labor" gibt, dessen Funktionalität ich allerdings beeindruckend finde. Der Dienst Google Sets erzeugt automatisch aus maximal fünf eingegebenen Keywords eine passende Menge weiterer Links dazu. Zu fünf eingegebenen Farben erhält man eben eine Liste mit weiteren Farben, oder zu drei eingegebenen Autotypen erscheint eine Liste mit sämtlichen Fahrzeugmarken. Gibt man als konkretes Beispiel „Freie Universität Berlin" ein, erhält man das Ergebnis aus Abbildung 10. Besonders finde ich hierbei, dass die drei größten Universitäten Berlins die drei obersten Plätze belegen. Durch Klicken auf *Grow Set* werden noch weitere Universitäten angezeigt. Die Probleme der Umlaute werden wohl gelöst sein, wenn Google dieses Angebot auch auf den deutschen Markt ausweitet.

Abbildung 10: Google Sets

Als letzten Dienst möchte ich Googles Email-Angebot Google Mail, kurz GMail vorstellen. Am 1. April 2004 gab Google in einer Pressekonferenz bekannt, ins Emailgeschäft einsteigen zu wollen. Dies war kein „Aprilscherz" [16] und mit den Worten „Suchaktionen stehen bei den Internetaktivitäten an zweiter Stelle, E-Mails hingegen sind die Nummer eins." begründete man dieses Vorhaben. Seitdem sorgt Google mit GMail immer wieder mal für Wirbel in der Presse. Immerhin verspricht der kostenlose Dienst ein Gigabyte Speicherplatz mit der Aussicht, nie wieder E-Mails löschen zu müssen und eine auf der Google-Suchtechnik beruhende Suchfunktion zum schnellen Durchschauen großer E-Mail-Mengen. Außerdem soll ein effizienter Spamfilter endlich Schluß machen mit von Spam und unerwünschten Werbemails überfüllten Postfächern. Vorerst sei nicht geplant, dass die Nutzer ihre Mails auch per POP oder IMAP abholen können. Im Moment benötigt man außerdem eine Einladung eines registrierten Benutzers, um GMail nutzen zu können. Der Dienst soll ausschließlich durch kontextbezogene Werbung am Web-Frontend finanziert werden. Empfangende E-Mails wertet GMail dazu automatisch aus, noch bevor das System sie dem Nutzer anzeigt. Werden in den Mails bekannte Keywords gefunden, blendet das System die passende Werbung am rechten Bildschirmrand ein. Genau diese Funktion sorgte für einen Sturm der Entrüstung bei Bürgerrechtlern und Datenschützern weltweit. Viele Experten halten das Auslesen von Informationen aus E-Mails zu Werbezwecken für einen erheblichen Verstoß gegen den Datenschutz. Wenn der Dienst sich auch auf Deutschland ausweiten soll, wird Google das Grundrecht auf informelle Selbstbestimmung sowie weitere europarechtliche Vorschriften beachten müssen. Da E-Mails unter das Fernmeldegeheimnis nach Artikel 10 des Grundgesetzes fallen, ist Google zur Wahrung des Fernmeldegeheimnisses verpflichtet und darf keine Kenntnis von den Inhalten haben. Somit sind automatisches Scannen und Auswerten der Kommunikation nicht erlaubt. Dazu sagte der ehemalige Vizepräsident Urs Hölzle in einem Interview mit der c't im April 2004: „Wir analysieren den Inhalt ausschließlich automatisch. Kein Mitarbeiter von uns wird die E-Mails zu Gesicht bekommen. Wir werden persönliche Informationen auch nicht an Dritte weitergeben." Google räumt sich aber die

Möglichkeit ein, Nutzungs- und Nutzerprofile zur Verbesserung des Nutzer-Interface, zur Verhinderungen von Betrugsversuchen oder zur besseren Zielgruppenwerbung erstellen zu dürfen. Außerdem erscheint wiederum sehr bedenklich, dass das Unternehmen vom Benutzer gelöschte Mails weiterhin speichert.  In einem Brief an die Google-Gründer Brin und Page fordern 31 Initiativen und Einzelpersonen, darunter das World Privacy Forum und die Consumer Federation of America, die Pläne zu dem E-Mail-Dienst zu überdenken. Vor allem die geplante Schaltung von zu dem Inhalt passenden Anzeigen empört die Aktivisten. Im Anhang befindet sich der Brief im Original zum Nachlesen.

"Das Scannen privater Nachrichten schädigt das grundlegende Vertrauen gegenüber einem E-Mail-Service-Provider", heißt es in dem offenen Brief. Auch die Google-Pläne, gelöschte E-Mails weiterhin zu speichern und für die Auswahl von passenden Werbeinhalten zu nutzen, wurden kritisiert. Die unbegrenzte Speicherung bildete ein unnötiges Missbrauchsrisiko. Die Unterzeichner des Briefs werten den Dienst als "gefährlichen Präzedenzfall", der zu verringerten Standards im Umgang mit vertraulichen Nachrichten führen könnte. Diese könnten von Regierungen und anderen Firmen übernommen werden und auch noch dann bestehen, wenn es GMail nicht mehr gebe. "Wir fordern Sie dringend auf, das Gmail-Projekt zurückzustellen, solange die Datenschutzfragen nicht geklärt sind", schreiben die Aktivisten den Google-Gründern.

Die bisherige Testversion des Dienstes ist meilenweit davon entfernt, die Forderungen der Aktivisten und die aktuellen Datenschutzstandards zu erfüllen. Wahrscheinlich wird sich die Aktivierung des Dienstes in mehreren Ländern erst einmal auf unbestimmte Zeit verschieben, denn die Kritik ist einfach zu groß.

6. Googles Konkurrenz

Dem Internet-Nutzer stehen dutzende an Volltext-Suchmaschinen offen. Blickt man hinter die Kulissen, bemerkt man, dass nur noch wenige Suchmaschinen-Anbieter wirklich selbst suchen. War zu Beginn des Internets eine Suchmaschine noch ein Service mit eigener Softwareentwicklung und eigenen Servern, so muss man heute zwischen der offiziellen Website mit allen Recherchefunktionen und Zusatzdiensten auf der einen Seite und den Entwicklern von Suchsoftware und Betreibern von Services auf der anderen Seite unterscheiden. Das Ziel ist es, einen möglichst umfassenden Service anzubieten. Dies geschieht durch eigene Fähigkeiten und die Möglichkeiten hinzugekaufter, ergänzender Techniken. Denn jeder Besucher mehr bringt auch zusätzliche Werbeeinnahmen. Ganz besonders macht eine Kooperation zwischen einem Katalog und einer Volltextsuchmaschine Sinn. Die Nachteile des einen Konzepts können durch die Vorteile des anderen ausgeglichen werden und umgekehrt. Werden etwa exotische Suchbegriffe in einem Katalog nicht gefunden, so wird automatisch eine Volltextsuchmaschine angeworfen. In vielen Fällen merkt man anhand der Optik kaum einen Unterschied. Nur wenn man genau hinguckt, erkennt man das Logo des jeweiligen Kooperationspartners. Das Beziehungsgeflecht der Suchmaschinen ist mittlerweile ziemlich undurchsichtig geworden. Stefan Karzauninkat, Betreiber der Seite www.suchfibel.de hat mit seiner Grafik, die sich im Anhang befindet, versucht, die Beziehungen untereinander darzustellen. Hier ein kurzer Überblick, welche Suchmaschine mit wessen Technik arbeitet. Yahoo leitete noch vor kurzem Suchanfragen, die nicht im Katalog gefunden wurden, direkt an

Google weiter. Allesklar.de liefert seine Katalogergebnisse an Fireball und Lycos zu Hilfe, Dino-Online greift komplett auf Overture zurück, deren bezahlte Links durch Inktomi ergänzt werden. Umgekehrt nutzen einige Suchmaschinen zusätzlich Kataloge entweder als Einstiegspunkt oder, um zusätzlich eine zur Suchanfrage passende Rubrik listen zu können. Lycos hat zur Ergänzung durch eine Redaktion erstellte Kataloge oder katalogähnlich sortierte Surftipps integriert. Google kooperiert wie bereits unter Punkt 5 erwähnt für ihr Verzeichnis mit dem Open Directory (DMOZ). Jedem Treffer wird nicht nur eine passende Rubrik zugeordnet, sondern durch eine Aufnahme im Open Directory wird sogar das Ranking verbessert.
Inktomi ist einer der größten Dienstleister in Sachen Suchservices. Die Technik werkelt im Hintergrund bei einer ganzen Reihe von Maschinen: Web.de, Overture, HotBot, und Microsofts eigene Suchmaschine MSN Search sind (neben einer ganzen Reihe amerikanischer Suchdienste) Kunden. MSN wird ergänzt durch den Katalog von Allesklar. Das Portal von AOL greift bei seiner Netsearch – Suchmaschine auf Google zurück. Google liefert außerdem noch primäre Suchergebnisse an Netscape.de und stern.de
Ende Februar 2003 hat Overture mit AltaVista und AlltheWeb.com gleich zwei große Suchmaschinen übernommen und expandierte damit 2003 am erfolgreichsten. Lange Zeit haben Konkurrenten nur tatenlos zugesehen und den Erfolg von Google unterschätzt. Doch mittlerweile bauen Gegenspieler ihre Dienste aus, was die Position von Google gefährden könnte. Als aussichtsreichste Kandidaten gelten Microsoft und Yahoo!. Beide verfügen über viel Geld, Marktmacht und Suchtechnik-Knowhow. Microsoft wurde spätestens Dezember 2000 auf Google aufmerksam, als die ihre Toolbar für den MS Internet Explorer auf den Markt brachten, mit dem die Benutzer am schnellsten ihre Suchanfragen an Google stellen könne, vorbei an Microsofts Suche MSN. Die noch im Betastadium befindliche Google-Deskbar kann in die Desktopleiste bei Windows verankert werden. Der Benutzer braucht nun zum Suchen kein Browserfenster mehr öffnen. Die Suchergebnisse werden in einem kleinen Fenster über der Deskbar angezeigt. Und natürlich bildet der E-Mail-Dienst GMail eine potentielle Konkurrenz für den Hotmail-Betreiber und Outlook-Hersteller. Als Reaktionen auf diese Veränderungen stockte Microsoft seine Forschungsabteilung personell auf und will bis Ende diesen Jahres eine neue eigenes Suchmaschine auf den Markt bringen. Ihr Projekt „Stuff I've Seen" beispielsweise vereint die Suche auf dem Desktop mit der Recherche im Internet. Es zeigt Informationen aus verschiedenen Dateiformaten und Quellen: PDF- und Word-Dokumente und Webseiten kommen in einem Index zusammen. Vergleichsweise spät in den Suchmaschinenmarkt einzusteigen, muss für Microsoft kein Nachteil bilden, es entspricht sogar der normalen Strategie des Unternehmens. „Sie warten ab, ob sich ein Markt entwickelt, um ihn dann aufzurollen." [10] Man kann nur hoffen, dass Google nicht ein ähnliches Schicksal wie der Firma Netscape droht. Der Browserhersteller dominierte Mitte der Neunziger den Browser-Markt, bis jedoch Microsoft seinen Internet-Explorer fest in sein Betriebssystem Windows integrierte. Heute beherrscht Microsoft mit über 90 Prozent den Browser-Markt. Den weiterentwickelten freigegebenen Browser Mozilla von Netscape nutzen nur die wenigen, die nicht ausschließlich Produkte des Softwareriesen Microsoft benutzen wollen.
Aber nicht nur Microsoft drängt auf diesen Markt, auch Neulinge wie Wisenut, Teoma und Vivísimo erstaunen mit einer thematischen Aufbereitung der Suchergebnisse. Wisenut ordnet Treffer in sogenannte „Wiseguide categories" ein. Dies hilft dem Benutzer insbesondere bei allgemeinen Fragen, das gesuchte Thema näher einzugrenzen. Teoma präsentiert neben der Haupttrefferliste und thematischen

Gruppen auch „Experts' Links". Dies sind typischerweise Verweissammlungen zur Suchanfrage. Die Metasuchmaschine Vivísimo generiert nur aus den Linkbeschreibungen, die ihr andere Suchmaschinen liefern, erstaunlich gute Kategorien. Wie man sieht, schläft die Konkurrenz nicht. „Es wäre nicht verwunderlich, wenn eines Tages ein kleiner Außenseiter Google mit einer Killerfunktion aussticht – wie es Google seinerzeit selbst mit den etablierten AltaVista und Co. tat." [10] Vielleicht arbeiten Wissenschaftler bereits irgendwo an den Googles der Zukunft. Immerhin ist Google auch aus einem Forschungsprojekt hervorgegangen.

6.1 Der Hauptkonkurrent

Der Portalanbieter Yahoo! unterhielt ursprünglich selbst einen redaktionell gepflegten Katalog. Um aber eine Volltextrecherche anbieten zu können, brauche Yahoo! die Hilfe eines Partners. Seit Mitte 2000 lieferte Google dann die Ergebnisse. Am 27.6.2000 konnte man im Heise-Newsticker lesen: „Im Laufe des nächsten Monats wird Yahoo die Suchmaschine auf seinem amerikanischen Internet-Portal wechseln. Statt Inktomi werden Yahoo-User im Consumer-Bereich dann den Newcomer Google in Anspruch nehmen, wenn sie eine Suchanfrage starten. [...]Für Google, 1998 im Sillicon Valley gegründet, ist dies der größte Deal der jungen Firmengeschichte." [22] Zu diesem Zeitpunkt hätte der Yahoo!-Vorstand wohl nie damit gerechnet, dass ihr Partner in ein paar Jahren ihr größter Konkurrent werden würde. Yahoo! kaufte Ende 2002 den Volltextsuchmaschinenbetreiber Inktomi und Mitte 2003 Overture mit dessen Tochterunternehmen AltaVista und Fast Search. Inktomi ist einer der größten Lizenzgeber für Suchtechnologien und sucht unter anderem für Amazon.com und ebay. Wer öfter auf diesen Seiten einkauft, wird die gute Suchtechnik zu schätzen wissen. Sie ist einer der vielen Gründe, warum Amazon so erfolgreich ist. Januar 2004 ließ Yahoo den Vertrag mit Google auslaufen und seitdem sucht Yahoo! wieder mit eigener Technik. Unter der Adresse http://search.yahoo.com stellt das Unternehmen eine schlanke Oberfläche bereit, die an die spartanisch anwirkende Oberfläche von Google erinnert. Wie beim Konkurrenten findet der Benutzer auch hier die Suche nach Bildern, News und Produkten. Aber das Entwicklerteam von Yahoo! erweitert die Produktpalette laufend. Auch sie besitzen eine Laborseite unter http//labs.yahoo.com, wo das Unternehmen seine aktuellen Forschungsprojekte vorstellt. Einen Vorsprung hat Yahoo! mit seiner „Lokalen Suche" bereits vor Google und anderen Suchmaschinen. Bei „Yahoo Maps" (http://maps.yahoo.de) gibt der Benutzer seinen Standort in Form einer Adresse oder eines Zip-Codes ein, woraufhin der Dienst ihm Hotels, Bankautomaten usw. in seiner Nähe auf einer Karte anzeigt. Aber auch bei der Online-Werbung liefern sich beide Suchdienstleister einen harten Wettstreit. Google hat mit der Shopping-Suchmaschine Kelkoo ein Abkommen geschlossen, dass die bezahlten Anzeigen des AdWords-Programms auf ihren Seiten als sponsored links anzeigt werden. Dies wird wohl nicht mehr lange der Fall sein, denn Yahoo hat Kelkoo im Januar dieses Jahres gekauft und wird die sponsored links sicher bald durch eigene Overture-Links ersetzen. Und man vergesse nicht den Patent- und Aktienstreit der beiden Suchriesen, den ich bereits unter Punkt 4.2 erläutert habe.

Fakt ist, dass Yahoo! sich emanzipieren und wieder eine größere Position auf dem Markt einnehmen möchte. Der Benutzer von Suchdiensten sollte bei den verzweigten Beziehungen der Suchmaschinen untereinander immer sicher gehen, wer ihm welche Ergebnisse geliefert hat. Meist erfährt man dies irgendwo versteckt. Und nicht immer ist eine Volltextsuchmaschine die beste Wahl, schon gar nicht, wenn große kommerzielle Suchdienstanbieter von Spam überflutet werden. Es gibt mittlerweile eine große Anzahl an kleinen Spezialsuchmaschinen, die sich auf einem gewissen Gebiet so stark spezialisiert haben, dass man dort die besten Ergebnisse zu einer Suchanfrage erhält. Welche Suchmaschinen es gibt und welchen Sinn und Zweck sie erfüllen, kann man in einer Liste im Anhang finden.

7. Fazit

Warum wurde Google so erfolgreich? Benutzer schätzen die schlichte Oberfläche und gute und relevante Suchergebnisse, deren Auftauchen in den primären Listen nicht gekauft wurde. Aus diesem Grund und durch Mund-zu-Mund-Propaganda hat sich Google innerhalb weniger Jahre zum Marktführer gemausert.
Objektiv gesehen kann auch Google noch besser werden: schnellere Auffrischung des Indexes, Algorithmen, die Synonyme kennen und auch mit falscher Rechtschreibung die richtigen Ergebnisse liefern. Aber dies sind Verbesserungen, die auf alle Volltextsuchmaschinen zutreffen. Ich denke, Google wird es am leichtesten fallen, diese Veränderungen vorzunehmen, denn sie haben bereits bessere und intelligentere Algorithmen als beispielsweise Yahoo!. Die große Benutzerzahl von Google beweist dies.
Aber Google ist im Moment in einer schwierigen Situation. Da sie der Marktführer sind, werden sie von findigen Suchmaschinenoptimierern attackiert, die eigene Seiten auf bessere Plätze mogeln wollen. Denn wer bei Google oben in der Ergebnisliste erscheint, hat bessere Chancen, Kunden oder sonstige Interessenten anzulocken. Dies führt dazu, dass unter den ersten 10 Treffern häufig nur unrelevante Seiten, darunter Ergebnisse anderer vermeintlicher Suchmaschinen, erscheinen. Das Unternehmen möchte deshalb seine Algorithmen dahingehend verbessern, dass sie Spam als schlechte Suchergebnisse erkennen und nicht auflisten. Dennoch wird es sicher auf lange Sicht nicht ausreichen, diese Probleme allein mit Software zu lösen. Bisher stellt Google nur ein Formular zur Meldung von Spam auf seine Seite. „Zur wirkungsvolleren Spam-Bekämpfung bräuchte Google ein menschliches Team von Kontrolleuren mit klaren Vorgaben, das einschlägige Seiten aus dem Index entfernt." [4] Andere Suchmaschinen wie Fireball oder Lycos haben bereits „Anti-Spam-Teams" gebildet und sind dem Suchmaschinen-Giganten damit einen Schritt voraus. Damit Google seine gute Trefferqualität und somit den Grund, warum man Google benutzen sollte, zurück erhält, reichen automatisierte Verfahren und die besten Algorithmen, die Google berühmt und die Gründer reicht gemacht haben, nicht aus. Auch wenn es gegen Googles Grundsatz spricht, Menschen zwischen die Suchenden und die Ergebnislisten zu lassen, wird es wohl aber in Zukunft immer so sein, dass Spammer Maschinen und Verfahren austricksen können.
Ein ähnliches Problem tritt bei Googles Anzeigenprogramm AdWords auf. Wie in dem Test der c't gesehen, erkennt Google keine ungültigen Klicks auf die Anzeigen und stellt so unrechtmäßig ihren Kunden viel Geld in Rechnung. Dabei sollte gerade das automatisch überprüft werden. Es scheint auch theoretisch unmöglich, „Klick-

Spamming" zu entlarven. Wenn keine klaren Muster vorhanden sind, also eine gleich bleibende Menge Klicks in gleichen Zeitabständen und mit derselben IP-Adresse des Spammers, kann die „Aufspürsoftware" ungültige von gültigen Klicks praktisch nicht unterscheiden. Zudem darf man auch nicht vergessen, dass Google sich zu einem gewissen Teil mit ihrem Anzeigenprogramm finanziert. Also dürfte ihre Devise momentan lauten: lieber zehn Klicks weniger von der Rechnung streichen als einen zuviel.

Nichtsdestotrotz spricht alleine Googles erfahrenes und kompetentes Management für einen weiterhin andauernden Erfolg. Gut ausgebildete Team-Mitglieder sorgen in den Bereichen Technologie und Produktentwicklung, Finanzen, weltweite Verkaufsstrategie, unternehmensweites Marketing, Entwicklung verschiedener Produktlinien und neuer strategischer Geschäftsmöglichkeiten für den riesigen Erfolg, den Google in den letzten Jahren errungen hat. Sie werden auch weiterhin für das Schicksal des Unternehmens verantwortlich sein.

Ebenso die schon bestehenden und noch in der Erprobung befindlichen neuen Dienste von Google, die es sonst nirgends gibt, werden auch in Zukunft User auf Googles Seite locken. Natürlich kommen auch andere neue Suchmaschinen auf den Markt, die Besonderheiten anbieten. Seit Mitte 2004 beispielsweise existiert die deutsche Suchmaschine seekport.de. Sie bietet unter http://www.seekport.de/seekbot an, seine Seite daraufhin zu überprüfen, ob sie für Suchmaschinenrobots geeignet ist, ob also die wichtigsten Metatags mit Informationen gefüllt sind und gibt eine Endbewertung aus. Ich halte diesen kostenlosen Service für sehr sinnvoll, weil hier auch ungeübte Webseiten-Programmierer die Möglichkeit erhalten, ihre Seite zu verbessern.

„Don't be evil" und „Making the world a better place" schreiben die Google-Gründer Larry Page und Sergey Brin als Maxime in ihren Börsenprospekt. Trotzdem sind sie an einem Punkt angelangt, an dem sie mit ihrer bisherigen Strategie, jegliches Problem mit Software zu lösen, nicht weiter kommen. Auch wenn sie die Welt zu einem besseren Ort machen wollen, so gilt dies nicht für alle Menschen. Sie müssen denjenigen, die ihre Arbeit ruinieren wollen, mehr als nur Algorithmen entgegensetzen, um auch zukünftig als Nummer Eins auf dem Suchmaschinenmarkt bestehen zu können. Ein erster Schritt wäre es, das Spam-Problem deutlich ernster zu nehmen als bisher geschehen und eventuell eine Zusammenarbeit mit anderen Suchmaschinen zur Bekämpfung dieser Form der Sabotage zu initiieren. Sie sollten sich dem Benutzer gegenüber ruhig offener zeigen und beispielsweise den freiwilligen „Code of Conduct" der Bertelsmann-Stiftung annehmen. Dieser soll mehr Transparenz beim Nutzer schaffen und sieht die Suchmaschinen als Gatekeeper im Netz, die bestimmen, welche Inhalte von den Benutzern wahrgenommen werden und welche nicht. Eine detaillierte Beschreibung dieses Codecs kann im Anhang gefunden werden.

Ich sehe die Zukunft von Google positiv. Sie haben bei den Benutzern einen sehr guten Ruf und wenn sie die Probleme in der Gegenwart in Angriff nehmen, werden sie ihre Stellung in Zukunft auf jeden Fall halten können. Falls sie nichts unternehmen, stärken sie ihre Konkurrenz und ermöglichen eventuell anderen Anbietern einen viel versprechenden Aufstieg. Daher gilt für Google, wie auch für viele andere Unternehmen im Allgemeinen: Stillstand fördert den Absturz.

8. Quellenangabe

- [1] „The Anatomy of a Large-Scale Hypertextual Web Search Engine" – Beschreibung des Ranking-Verfahrens von Google: http://www-db.stanford.edu/~backrub/google.html (zuletzt gesehen am 27.07.2004)
- [2] Jo Bager: „Des Googles Kern – Warum der Suchdienst so erfolgreich ist", c't 5/2002, Seite 90
- [3] Christiane Schulzki-Haddouti, Jo Bager: „Konsolidierte Suche – Die Suchmaschinenkonzentration und ihre Folgen", c't 7/2003, Seite 36
- [4] Stefan Karzauninkat: „Google zugemüllt – Span überschwemmt die Suchergebnisse", c't 20/2003, Seite 88
- [5] Simson Garfinkel, Übersetzung: Ben Schwan: „Geheimniskrämerei bei Google?", http://www.heise.de/tr/aktuell/meldung/46973, 2004
- [6] Google Censorship – Analyse von Googles weißer Zensur: http://sethf.com/anticensorware/general/google-censorship.php (zuletzt gesehen am 26.07.2004)
- [7] Dr. Matthias Kurp: „Google auf dem Weg zum Googlepol?", 20.11.2003, http://www.medienmaerkte.de/artikel/internet/032011_google.html
- [8] Dr. Matthias Kurp: „Google geht an die Börse und will weiter wachsen", 2.5.2004, http://www.medienmaerkte.de/artikel/internet/040205_google.html
- [9] Stefan Karzauninkat: „Zielfahndung – Suchmaschinen, Kataloge, Spezialisten und kommerzielle Datenbanken richtig einsetzen", c't 23/1999, Seite 172
- [10] Jo Bager: „Jagd auf den Primus – Googles Börsengang birgt viele Risiken", c't 13/2004, Seite 164
- [11] Jo Bager „Gerangel an der Bande: Google AdWords – Werbung mit Risiken", c't 13/2004, Seite 170
- [12] Jo Bager, Christiane Schulzki-Haddouti: „Alle gegen Google. Wisenut, Teoma, Vivisimo – neue Konkurrenz für die populäre Suchmaschine?", c't 19/2001, Seite 104
- [13] Katja Schmid: „Manipulierte Wegweiser", 27.11.2003, http://www.heise.de/tp/deutsch/inhalt/te/16190/1.html (zuletzt gesehen am 01.09.2004)
- [14] Information „Alles über Google" auf http://www.google.de/intl/de/about.html (zuletzt gesehen am 29.07.2004)
- [15] Heise – News zum Thema „Googles Börsengang", 10.08 bis 21.08.2004 (alle zuletzt gesehen am 01.09.2004
- [16] Jo Bager: „E-Mail mit der Suchmaschine – Google-Zukunft: E-Mail, Spam, Orkut", c't 9/2004, Seite 19
- [17] Holger Bleich, Joerg Heidrich: „Mailen mit Google – Gmail unter der Lupe", c't 10/2004, Seite 90
- [18] Abbildung „Das Beziehungsgeflecht der Suchmaschinen", www.suchfibel.de/5technik/suchmaschinen_beziehungen.htm
- [19] Stefan Karzauninkat: „Suchmaschinen Kooperationen – Wer mit wem?", www.suchfibel.de (zuletzt gesehen am 04.09.2004)
- [20] Alfred Krüger: „Krieg der Suchmaschinen?", 03.11.2003, http://www.heise.de/tp/deutsch/inhalt/te/15991/1.html (zuletzt gesehen am 04.09.2004)
- [21] Marco Evers, Klaus-Peter Kerbusk: „New Economy - Fieber im Tal der Tränen", DER SPIEGEL 32/2004 – 2.August 2004
- [22] „Google wird neue Suchmaschine bei Google" (Heise-Newsticker 27.06.2000) http://www.heise.de/newsticker/meldung/print/10270

9. Anhang

9.1 Zwanzig Jahre Usenet

Unter der Adresse http://www.google.com/googlegroups/archive_announce_20.html findet man 20 Jahre Usenet. Hier die Seite im Original (Links wurden der Lesbarkeit wegen entfernt):

Return to Google Groups
20 Year Usenet Timeline

Google has fully integrated the past 20 years of Usenet archives into Google Groups, which now offers access to more than 800 million messages dating back to 1981. This is by far the most complete collection of Usenet articles ever assembled and a fascinating first-hand historical account.

We compiled some especially memorable articles and threads in the timeline below. For example, read Tim Berners-Lee's announcement of what became the World Wide Web or Linus Torvalds' post about his "pet project". You can find more in-depth information about the archive here.

We would like to thank the following archive donors: Jürgen Christoffel, Bruce Jones, Kent Landfield, Henry Spencer, David Wiseman.

Enjoy your trip back to the golden age of Usenet.

```
----- 11 May 1981 Oldest Usenet article in the Google Groups Archive
|
-------- May 1981 First mention of Microsoft
|
-------- Jun 1981 A logical map of Usenet when it was still small
|
-------- Jun 1981 First mention of Microsoft MS-DOS
|
-------- Aug 1981 First review of the IBM-PC
|
-------- Oct 1981 TCP/IP Digest #1
|
|
-------- Mar 1982 First mention of MTV
|
-------- Apr 1982 First mention of Sun Microsystems
|
-------- Jun 1982 First mention of Star Wars Episode 6
|
-------- Jul 1982 First mention of a compact disc
|
-------- Aug 1982 First mention of the Commodore 64
|
-------- Aug 1982 First mention of Apple's Lisa and Macintosh products
|
-------- Nov 1982 Early reference to emoticons
|
-------- Dec 1982 Announcement of first cell phone deployment in Chicago
|
-------- Dec 1982 First thread about AIDS
|
|
-------- Feb 1983 Rob Pike's first prank as Bimmler
|
-------- Feb 1983 First "Me too" post
```

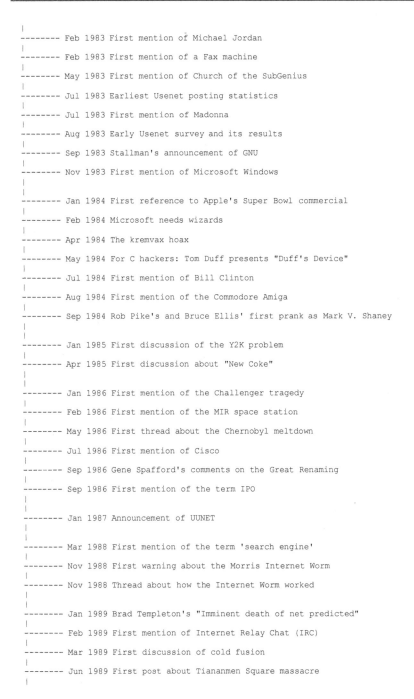

```
|
-------- Feb 1983 First mention of Michael Jordan
|
-------- Feb 1983 First mention of a Fax machine
|
-------- May 1983 First mention of Church of the SubGenius
|
-------- Jul 1983 Earliest Usenet posting statistics
|
-------- Jul 1983 First mention of Madonna
|
-------- Aug 1983 Early Usenet survey and its results
|
-------- Sep 1983 Stallman's announcement of GNU
|
-------- Nov 1983 First mention of Microsoft Windows
|
|
-------- Jan 1984 First reference to Apple's Super Bowl commercial
|
-------- Feb 1984 Microsoft needs wizards
|
-------- Apr 1984 The kremvax hoax
|
-------- May 1984 For C hackers: Tom Duff presents "Duff's Device"
|
-------- Jul 1984 First mention of Bill Clinton
|
-------- Aug 1984 First mention of the Commodore Amiga
|
-------- Sep 1984 Rob Pike's and Bruce Ellis' first prank as Mark V. Shaney
|
|
-------- Jan 1985 First discussion of the Y2K problem
|
-------- Apr 1985 First discussion about "New Coke"
|
|
-------- Jan 1986 First mention of the Challenger tragedy
|
-------- Feb 1986 First mention of the MIR space station
|
-------- May 1986 First thread about the Chernobyl meltdown
|
-------- Jul 1986 First mention of Cisco
|
-------- Sep 1986 Gene Spafford's comments on the Great Renaming
|
-------- Sep 1986 First mention of the term IPO
|
|
-------- Jan 1987 Announcement of UUNET
|
|
-------- Mar 1988 First mention of the term 'search engine'
|
-------- Nov 1988 First warning about the Morris Internet Worm
|
-------- Nov 1988 Thread about how the Internet Worm worked
|
|
-------- Jan 1989 Brad Templeton's "Imminent death of net predicted"
|
-------- Feb 1989 First mention of Internet Relay Chat (IRC)
|
-------- Mar 1989 First discussion of cold fusion
|
-------- Jun 1989 First post about Tiananmen Square massacre
|
```

```
-------- Jun 1989 Brad Templeton announces ClariNet - the first "dot com"
|
-------- Sep 1989 First mention of AOL
|
-------- Sep 1989 First mention of The Simpsons
|
-------- Oct 1989 First post in alt.hypertext
|
-------- Oct 1989 First post about San Francisco earthquake
|
-------- Nov 1989 First post from Berlin after the wall came down
|
-------- Nov 1989 First Make Money Fast post
|
-------- Dec 1989 Early post by BIFF
|
|
-------- Mar 1990 Discussion of raid on Steve Jackson Games
|
-------- Jul 1990 Announcement of the Electronic Frontier Foundation (EFF)
|
|
-------- Jul 1991 The kremvax exists!
|
-------- Aug 1991 Tim Berners-Lee's announcement of the World Wide Web project
|
-------- Aug 1991 Mike Godwin formalizes Godwin's Law
|
-------- Sep 1991 Announcement of Internet Gopher
|
-------- Oct 1991 Linus Torvalds' Linux announcement
|
-------- Dec 1991 Early post to alt.religion.kibology by Kibo
|
|
-------- Jan 1992 Famous debate between Andy Tanenbaum and Linus Torvalds
|
-------- Apr 1992 Thread about Rodney King verdict and resulting LA riots
|
-------- May 1992 First post from an AOL account
|
-------- May 1992 Thread about Johnny Carson's last Tonight Show
|
-------- Jun 1992 First BOFH post
|
-------- Jul 1992 Terry Pratchett's first post on alt.fan.pratchett
|
|
-------- Mar 1993 Marc Andreessen's Mosaic announcement
|
-------- May 1993 First mention of Britney Spears
|
-------- Apr 1993 Gene Spafford's farewell post
|
-------- Aug 1993 First mention of Osama bin Laden
|
-------- Oct 1993 Douglas Adams' first post on alt.fan.douglas-adams
|
|
-------- Jan 1994 Instance of first mass spamming
|
-------- Apr 1994 Instance of first commercial mass spamming (more on spam history)
|
-------- Jun 1994 Thread about televised O.J. Simpson arrest
|
-------- Jun 1994 Announcement of WebCrawler launch
|
-------- Aug 1994 Amazon founder Jeff Bezos is hiring
|
```

```
-------- Sep 1994 First thread about the show "Friends"
|
-------- Oct 1994 Marc Andreessen's Netscape announcement
|
-------- Dec 1994 First hoax alert about "Good Times"
|
-------- Dec 1994 Early mentions of Yahoo! and Lycos
|
|
-------- Feb 1995 First mention of the Taliban
|
-------- May 1995 First mention of DejaNews
|
-------- Sep 1995 eBay founder Pierre Omidyar advertises new auctioning service
|
-------- Dec 1995 Announcement of AltaVista launch
|
|
-------- Mar 1998 First mention of Google
|
-------- May 1998 First mention of Mac OSX
|
|
-------- Feb 2001 Google acquires Deja archive
|
----- 11 Sep 2001 First thread after terrorist attacks (Second, Third, Fourth)
|
----- 11 Dec 2001 Google offers 20-year Usenet Archive
```

9.2 Offener Brief an Google-Gründer

Diesen Brief kann man auf http://www.privacyrights.org/ar/GmailLetter.htm finden.

FOR IMMEDIATE RELEASE
Released April 6, 2004
Update: April 19, 2004

Media Contacts:

Pam Dixon, Executive Director, World Privacy Forum Office: (760) 436-2489, Mobile: (760) 470-2000 info2004@worldprivacyforum.org www.worldprivacyforum.org	Beth Givens, Director, Privacy Rights Clearinghouse Phone: (619) 298-3396 bgivens@privacyrights.org www.privacyrights.org

~~Twenty-Eight~~ Thirty-One Privacy and Civil Liberties Organizations Urge Google to Suspend Gmail

San Diego, CA, April 6, 2004 (Updated April 19) – The World Privacy Forum and 30 other privacy and civil liberties organizations have written a letter [inserted below] calling upon Google to suspend its Gmail service until the privacy issues are adequately addressed. The letter also calls upon Google to clarify its written information policies regarding data retention and data sharing among its business units.

The 31 organizations are voicing their concerns about Google's plan to scan the text of all incoming messages for the purposes of ad placement, noting that the scanning of confidential email for inserting third party ad content violates the implicit trust of an email service provider. The scanning creates lower

expectations of privacy in the email medium and may establish dangerous precedents.

Other concerns include the unlimited period for data retention that Google's current policies allow, and the potential for unintended secondary uses of the information Gmail will collect and store.

An Open Letter to Google Regarding Its Proposed Gmail Service

From:
World Privacy Forum
Privacy Rights Clearinghouse
  and
Australian Privacy Foundation
Grayson Barber, Privacy Advocate
Bits of Freedom (Netherlands)
British Columbia Civil Liberties Association (Canada)
Calegislation
CASPIAN (Consumers Against Supermarket Privacy Invasion and Numbering)
Roger Clarke, Privacy Research and Advocate (Australia)
Consumer Action
Consumer Federation of America
Consumer Federation of California
Consumer Task Force for Automotive Issues
Electronic Privacy Information Center
Federación de Consumidores en Acción (FACUA) (Spain)
Foundation for Information Policy Research (United Kingdom)
Mari Frank, Esq., Author of Identity Theft Survival Kit
Simson L. Garfinkel, Author of Database Nation
Edward Hasbrouck, Author and Consumer Advocate
Massachusetts Consumer Assistance Council
Massachusetts Consumers' Coalition
National Association of Consumer Agency Administrators (NACAA)
National Consumers League
PrivacyActivism
Privacy International (United Kingdom)
Privacy Rights Now Coalition
Privacy Times
Private Citizen, Inc.
Privaterra (Canada)
Public Information Research, Inc.
Utility Consumers' Action Network

April 6, 2004

Sergey Brin, Co-Founder & President, Technology
Larry Page, Co-Founder & President, Products
Google Inc.
1600 Amphitheatre Parkway
Mountain View, CA 94043

Dear Mr. Brin and Mr. Page:

Google's proposed Gmail service and the practices and policies of its business units raise significant and troubling questions.

First, Google has proposed scanning the text of all incoming emails for ad placement. The scanning of confidential email violates the implicit trust of an email service provider. Further, the unlimited period for data retention poses unnecessary risks of misuse.

Second, Google's overall data retention and correlation policies are problematic in their lack of clarity and broad scope. Google has not set specific, finite limits on how long it will retain user account, email,

and transactional data. And Google has not set clear written policies about its data sharing between business units.

Third, the Gmail system sets potentially dangerous precedents and establishes reduced expectations of privacy in email communications. These precedents may be adopted by other companies and governments and may persist long after Google is gone.

We urge you to suspend the Gmail service until the privacy issues are adequately addressed.

Email Scanning in Google's Proposed Gmail Service

The email text scanning infrastructure that Google has built is powerful and global in reach. Google has not created written policies to date that adequately protect consumers from the unintended consequences of building this structure. It is, in fact, arguable that no policy could adequately protect consumers from future abuses. The societal consequences of initiating a global infrastructure to continually monitor the communications of individuals are significant and far-reaching with immediate and long-term privacy implications.

Currently, individuals may have the understanding that Google's system is not that different in nature from scanning messages for spam, which is a common practice today. There is a fundamental difference, however. With Gmail, individuals' incoming emails will be scanned and seeded with ads. This will happen every time Gmail subscribers open their emails to re-read them, no matter how long they have been stored. Inserting new content from third party advertisers in incoming emails is fundamentally different than removing harmful viruses and unwanted spam.

Another potential misconception about the Gmail system is that the scanning will take place in isolation. The email is scanned, and ad text is delivered. But that is not the end of the story. The delivery of the ad text based on emails is a continual "on the fly" stream. This technology requires a substantial supply chain of directory structures, databases, logs, and a long memory. Auditing trails of the ad text are kept, and the data could be correlated with the data Google collects via its other business units such as its search site and its networking site, Orkut.

Google has countered criticism of Gmail by highlighting that a computer, not a human, will scan the content of the e-mail, thereby making the system less invasive. We think a computer system, with its greater storage, memory, and associative ability than a human's, could be just as invasive as a human listening to the communications, if not more so.

That the Gmail scanning and monitoring is being used for advertising right now is distracting, because it is a transient use. Scanning personal communications in the way Google is proposing is letting the proverbial genie out of the bottle. Today, Google wants to make a profit from selling ads. But tomorrow, another company may have completely different ideas about how to use such an infrastructure and the data it captures.

Google could – tomorrow – by choice or by court order, employ its scanning system for law enforcement purposes. We note that in one recent case, the Federal Bureau of Investigation obtained a court order compelling an automobile navigation service to convert its system into a tool for monitoring in-car conversations. How long will it be until law enforcement compels Google into a similar situation?

Google has been quick to state that it does not intend to correlate or share consumer data between its business units. But unless Google puts a consumer promise into its privacy policy that states it will never correlate the data, then Google is not putting its money where its mouth is. In a nation of laws, Google needs to make its promises in writing.

Gmail's Potential Conflict with International Law

The Gmail system may conflict with Europe's privacy laws, specifically, Directive 95/46/EC, also called the EU Privacy Directive. This directive states, among other things, that users' consent must be

informed, specific, and unambiguous (pursuant to Article 7(a) of Dir. 95/46/EC).

As it has been proposed, and based on the current Gmail privacy policy, the consent of EU-based Gmail users cannot necessarily be considered informed, specific, and unambiguous in regards to the scanning, storage and further processing of their e-mails. The need for informed, specific, and unambiguous consent also applies to the potential linking of EU citizens' e-mails to their search histories. Additional issues with data retention may also exist under the EU Privacy Directive.

The Dangers of Lowered Privacy Expectations in the Email Medium

Ultimately, however, this discussion is not solely about Google. It is about the global tools Google is building, and the ways these tools and systems stand to alter how individuals perceive the sanctity of private communications in the electronic sphere. These perceptions and standards may persist long after Google as a company is gone.

Google needs to realize that many different companies and even governments can and likely will walk through the email scanning door once it is opened. As people become accustomed to the notion that email scanning for ad delivery is acceptable, "mission creep" is a real possibility. Other companies and governments may have very different ideas about data correlation than Google does, and may have different motivations for scanning the body of email messages. Google itself, in the absence of clear written promises and policies, may experience a change of course and choose to profit from its large stores of consumer data culled from private communications.

The lowered expectations of email privacy that Google's system has the potential to create is no small matter. Once an information architecture is built, it functions much like a building -- that building may be used by many different owners, and its blueprints may be replicated in many other places.

Google's technology is proprietary, but the precedents it sets are not.

Conclusion

We request the following of Google:

1. First, Google must suspend its implementation of scanning the full text of emails for determining ad placement.

2. Second, Google must clarify its information retention and data correlation policy amongst its business units, partners, and affiliates. This means that Google must set clear data retention and deletion dates and establish detailed written policies about data sharing and correlation amongst its business units and partners.

Respectfully submitted and signed,

Pam Dixon, Executive Director
World Privacy Forum

Beth Givens, Director
Privacy Rights Clearinghouse

and the following individuals and organizations:

John Corker, Chair
Australian Privacy Foundation

Grayson Barber

Privacy Advocate

Maurice Wessling
Bits of Freedom (Netherlands)

Murray Mollard, Executive Director
British Columbia Civil Liberties Association (Canada)

Dian Black, Executive Director
Calegislation

Katherine Albrecht, Ed.M., Founder and Director
CASPIAN (Consumers Against Supermarket Privacy Invasion and Numbering)

Roger Clarke (Australia)
Privacy Researcher, Advocate and eBusiness Consultant

Ken McEldowney, Executive Director
Consumer Action

Jean Ann Fox, Director of Consumer Protection
Consumer Federation of America

Richard Holober, Director
Consumer Federation of California

Will deHoo, Director
Consumer Task Force For Automotive Issues

Chris Hoofnagle, Associate Director
Electronic Privacy Information Center

Francisco Sanchez Legrán, President of FACUA, Federación de Consumidores en Acción (FACUA)
(Spain)

Ian Brown
Foundation for Information Policy Research (United Kingdom)

Mari Frank, Esq.
Author of the Identity Theft Survival Kit

Simson L. Garfinkel
MIT Computer Science and Artificial Intelligence Laboratory
Author, Database Nation: The Death of Privacy in the 21st Century

Edward Hasbrouck
Author and Consumer Advocate

Paul Schrader, Executive Director
Massachusetts Consumer Assistance Council

Paul J. Schlaver, Chair
Massachusetts Consumers' Coalition

Kathleen Thuner, President
National Association of Consumer Agency Administrators (NACAA)

Linda Golodner, President
National Consumers League

Deborah Pierce, Executive Director
PrivacyActivism

Simon Davies
Privacy International (United Kingdom)

Remar Sutton, Co-Founder
Privacy Rights Now Coalition

Evan Hendricks
Privacy Times

Robert Bulmash, President
Private Citizen, Inc.

Robert Guerra, Managing Director
Privaterra (project of Computer Professionals for Social Responsibility) (Canada)

Daniel Brandt, President
Public Information Research, Inc.

Michael Shames, Executive Director
Utility Consumers' Action Network

9.3 Beziehungsgeflecht der Suchmaschinen

url des Bildes: http://www.suchfibel.de/5technik/images/suchmaschinereien_gross.gif

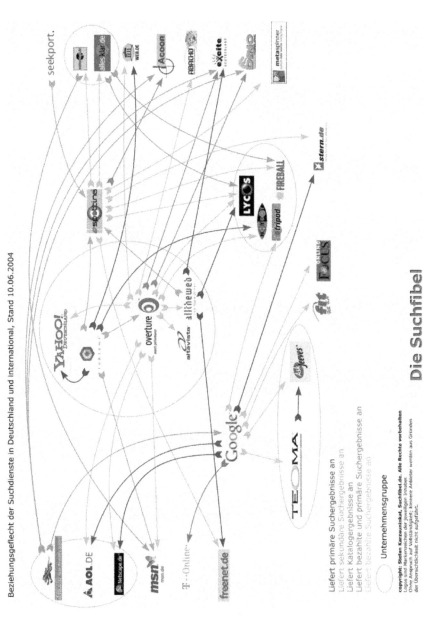

Beziehungsgeflecht der Suchdienste in Deutschland und international, Stand 10.06.2004

Die Suchfibel

Liefert primäre Suchergebnisse an
Liefert sekundäre Suchergebnisse an
Liefert Katalogergebnisse an
Liefert bezahlte und primäre Suchergebnisse an
Liefert bezahlte Suchergebnisse an

◯ Unternehmensgruppe

copyright: Stefan Karzauninkat, Suchfibel.de. Alle Rechte vorbehalten
Logos und Markenzeichen der jeweiligen Inhaber
Ohne Anspruch auf Vollständigkeit; kleinere Anbieter werden aus Gründen
der Übersichtlichkeit nicht aufgeführt.

9.4 Suchmaschinen-Liste

Verzeichnisse:

Name	Adresse	Beschreibung
Beaucoup!	http://www.beaucoup.com	tausende Internetrecherchequellen
The Big Hub	http://www.thebighub.com	gut sortiertes Suchquellenverzeichnis, Metasuche
ProFusion	http://www.profusion.com	Suchmaschinenverzeichnis
Klug Suchen!	http://www.klug-suchen.de	gut sortiertes Verzeichnis für das deutschsprachige Internet
Suchfibel	http://www.suchfibel.de/suchmaschinen	Verzeichnis mit über 600 Suchmaschinen

Spezialsuchmaschinen und -recherchequellen:

Name	Adresse	Beschreibung
1Jump	http://www.1jump.com	riesige Unternehmensdatenbank
Amnesi	http://www.amnesi.com	Menschen-Suchmaschine
Cinema	http://www.cinema.de	bundesweite Kinodatenbank in Kooperation mit MSN
c't-Hotline-Datenbank	http://www.heise.de/ct/faq	Volltextsuche in c't-Hotline-Tips
c't-Linksammlung	http://www.heise.de/ct/tipsundtricks	Linksammlung zum Thema 'Millionen Tipps und Tricks'
Deja.com	http://www.deja.com	Suchmaschine für Usenet-News (leitet zu groups.google.com weiter)
Denic	http://www.denic.de	whois für .de-Domains
Deutsches Institut für medizinische Dokumentation und Information	http://www.dimdi.de	kostenlose und -pflichtige medizinische Fachdatenbank
Encarta	http://encarta.msn.com	abgespeckte Online-Version des Microsoft Nachschlagewerks
Encyclopaedia Britannica	http://www.britannica.com	kostenlose Version der Enzyklopädie
Financial Times	http://www.ft.com	Artikeldatenbank
Gelbe Seiten	http://www.gelbe-seiten.de	Das Branchenbuch online
The Hitchhiker's Guide to the Galaxy	http://www.h2g2.com	Lexikon, an dem sich jeder beteiligen kann
Informationsdienst Wissenschaft	http://idw-online.de/public	wissenschaftliche Expertenvermittlung
Intellectual Property Network	http://www.patents.ibm.com	IBMs Patentdatenbank
Internet Movie Database	http://us.imdb.com	Film- und Schauspielerdatenbank
Juris	http://www.juris.de	kostenpflichtige Rechtsdatenbank
Karlsruher virtueller Katalog	http://www.ubka.uni-karlsruhe.de/hylib/virtueller_katalog.html	Metasuch-Interface für diverse Bibliothekskataloge
Lifeline	http://www.lifeline.de	Gesundheitsinfos, Kontakt zu Ärzten
Lycos MP3 Search	http://mp3.lycos.com	MP3-Rechercheur von Lycos
PubMed	http://www.ncbi.nlm.nih.gov/PubMed	medizinische Fachdatenbank
Meine Familie und ich	http://www.meine-familie-und-ich.de	Server des Magazins mit Rezeptdatenbank
Metaspinner	http://www.metaspinner.de	Meta-whois

Meyers Lexikon	http://www.iicm.edu/meyers	auf drei Benutzer beschränkte Online-Version
MP3.com	http://www.mp3.com	MP3-Rechercheur
Network solutions	http://www.networksolutions.com/cgi-bin/whois/whois	whois für .com-, -.net, und org- Domains
New York Times	http://www.nyt.com	Artikeldatenbank
Paperball	http://www.paperball.de	Zeitungsmetasucher
Paperazzi	http://www.paperazzi.de	Zeitungsmetasucher
PC Webopaedia	http://www.pcwebopedia.com	Computer- und Internet-Lexikon
PC Guide	http://www.pcguide.com	PC-Lexikon, Anleitungen zur PC-Pflege
Primate Info Net	http://pin.primate.wisc.edu	Forschungsnetz der Primatenforschung
Shop.de	http://www.shop.de	Verzeichnis für Online-Shops
TV Movie	http://www.tvmovie.de	Fernsehprogramm
Universitätszentrum NRW	http://www.hbz-nrw.de/hbz/toolbox	Links zu Bibliotheken
Wer liefert was	http://www.wlwonline.de	Produkt- und Dienstleistungsdatenbank, teilweise kostenpflichtig
Wer weiß was	http://www.wer-weiss-was.de	Expertendienst auf Gegenseitigkeit
wowowo.de	http://www.wowowo.de	Online-Shop-Suchmaschine
Zeit-Robot	http://www.jobs.zeit.de	Suchmaschine für Stellenanzeigen der Zeit

9.5 Code of Conduct

Das Papier der Bertelsmann-Stiftung kann man unter
www.bertelsmann-stiftung.de/ medien/pdf/Code_of_Conduct.pdf herunterladen.

Bertelsmann Stiftung

Code of Conduct

– Transparenz im Netz: Suchmaschinen –

1. Die Suchmaschinenbetreiber klären die Nutzer über die
    Funktionsweise der Suchmaschine auf, insbesondere werden
    die grundlegenden Kriterien des Rankings erläutert. Ebenso
    beschreiben die Suchmaschinenbetreiber, welche Formen der
    Manipulation von Websites (Spamming) im Zweifelsfall zu
    einem Ausschluss aus den Ergebnislisten führen.

2. Die Suchmaschinenbetreiber gestalten ihre Ergebnisseiten
    möglichst transparent. Inhalte, die ihre Position in der
    Ergebnisliste einer kommerziellen Vereinbarung verdanken,
    werden eindeutig gekennzeichnet.

3. Die Suchmaschinenbetreiber verfolgen die Intention, Kinder
    und Jugendliche vor jugendgefährdenden Inhalten zu
    schützten. Dafür stellen die Betreiber Familienfilter zur
    Verfügung mit dem Hinweis, dass Filter keine absolute
    Jugendschutzsicherheit gewährleisten können und dass Kinder
    nicht ohne Aufsicht der Eltern das Internet nutzen sollen.

4. Nach nationaler Gesetzgebung als illegal geltende Seiten
    werden aus den Ergebnislisten entfernt, sobald die
    Suchmaschinenbetreiber Kenntnis davon erhalten und Zugriff
    auf die illegalen Seiten im Index haben.

5. Beim Umgang mit Nutzerdaten gilt der Grundsatz der
    Datensparsamkeit.

www.ingramcontent.com/pod-product-compliance
Lightning Source LLC
LaVergne TN
LVHW092345060326
832902LV00008B/812